Do profundo de nosso coração

Cardeal Robert Sarah
com a colaboração de
Bento XVI - Joseph Ratzinger

Do profundo de nosso coração

Tradução
Mauricio Pagotto Marsola

Fons Sapientiae

São Paulo, 2020

© Librairie Arthème Fayard, 2020 – all rights reserved
Título original: Des profondeurs de nos coeurs, Benoit XVI et Cardinal Robert Sarah

© 2020 – Distribuidora Loyola de livros.

Fundador: Jair Canizela (*1941-†2016)
Diretor geral: Vitor Tavares
Diretor editorial: Rogerio Reis Bispo
Editora: Cristiana Negrão
Tradução: Mauricio Pagotto Marsola
Capa e diagramação: Claudio Tito Braghini Junior
Crédito da foto do Cardeal Sarah: Eric Vandeville
Preparação: Eugênia Pessotti
Revisão: Joana Figueiredo e Dom Hugo C. da Silva Cavalcante, OSB.

Este livro segue as regras da Nova Ortografia da Língua Portuguesa.

Dados Internacionais de Catalogação na Publicação (CIP)
(Câmara Brasileira do Livro, SP, Brasil)

Sarah, Cardeal Robert
 Do profundo de nosso coração / Cardeal Robert Sarah, com a colaboração de Bento XVI ; [tradução Mauricio Pagotto Marsola]. -- 1. ed. -- São Paulo : Edições Fons Sapientiae, 2020.

 Título original: Des profondeurs de nos coeurs.
 ISBN 978-85-63042-78-1

 1. Celibato - Igreja Católica 2. Igreja Católica - Clero - Comportamento sexual 3. Sacerdócio 4. Vocação - Cristianismo I. Bento XVI. II. Marsola, Mauricio Pagotto. III. Título.

20-33435 CDD-253.252

Índices para catálogo sistemático:

1. Celibato sacerdotal: Igreja Católica : Teologia: Cristianismo 253.252

Edições *Fons Sapientiae* é um selo da
Distribuidora Loyola de Livros
Rua Lopes Coutinho, 74 - Belenzinho
03054-010 São Paulo - SP
T 55 11 3322 0100
F 55 11 4097 6487

Todos os direitos reservados. Nenhuma parte desta obra pode ser reproduzida ou transmitida por qualquer forma ou quaisquer meios (eletrônico ou mecânico, incluindo fotocópias e gravação) ou arquivada em qualquer sistema ou banco de dados sem permissão escrita.

Em homenagem aos padres de todo o mundo.

"Ter uma fé clara, segundo o credo da Igreja, é geralmente qualificado hoje em dia de fundamentalismo. Enquanto o relativismo, que consiste em deixar-se sacudir e 'levar-se por qualquer vento de doutrina', parece a única atitude aceitável segundo os critérios atuais. Caminhamos para uma ditadura do relativismo que nada reconhece como certo e nada assume como critério último senão seu próprio ego e seus próprios desejos"

Joseph Ratzinger, homilia pronunciada
na basílica do Vaticano em 18 de abril de 2005.

"Qualquer ação deve ser precedida por uma intensa vida de oração, de contemplação, de busca e de escuta da vontade de Deus".

Cardeal Robert Sarah e Nicolas Diat,
A força do silêncio: Contra a ditadura do ruído.

Sumário

Nota do editor da publicação original 11

De que tendes medo? Introdução 17

I. O sacerdócio católico 21

II. Amar até o fim. Olhar eclesiológico e pastoral
sobre o celibato sacerdotal 47

À sombra da Cruz 99

Nota do editor da publicação original

> "Devemos meditar sobre essas reflexões de um homem que se aproxima do fim de sua vida. Neste momento crucial, não tomamos a palavra de modo leviano".
> Cardeal Robert Sarah

Do profundo de nosso coração: eis o título simples e comovente que o Papa emérito Bento XVI e o cardeal Robert Sarah escolheram para o livro que publicam juntos.

A palavra de Bento XVI é rara. Em março de 2013, o Papa emérito desejou se retirar para um mosteiro nos jardins do Vaticano. Quis consagrar os últimos anos de sua vida à oração, à meditação e ao estudo. O silêncio tornou-se o centro precioso de uma existência longe dos barulhos e das violências do mundo. Até hoje, Bento XVI raramente aceitou tomar a palavra a fim de expressar seu pensamento sobre temas importantes da vida da Igreja.

Do profundo de nosso coração

O texto que ele oferece hoje é, portanto, excepcional. Não se trata de uma tribuna ou de notas reunidas ao longo dos anos, mas de uma reflexão magistral, ao mesmo tempo *lectio* e *disputatio*. A vontade de Bento XVI é claramente expressa em sua introdução: "Face à crise duradoura pela qual o sacerdócio atravessa há muitos anos, pareceu-me necessário remontar às raízes profundas do problema".

Os leitores atentos do Papa emérito reconhecerão sem dificuldade o estilo, a lógica e a pedagogia maravilhosa do autor da trilogia consagrada a Jesus de Nazaré. A reflexão é bem edificada, as referências abundantes e a argumentação transparente.

Por que o Papa emérito quis trabalhar com o cardeal Sarah? Ambos são amigos próximos. Mantêm uma correspondência regular na qual compartilham seus pontos de vista, suas esperanças e seus temores.

Em outubro de 2019, o Sínodo da Amazônia, reunindo bispos, religiosos, religiosas e missionários, consagrado ao futuro dessa imensa região, constituiu um momento de discussão no seio da Igreja em que o futuro do sacerdócio católico foi abordado de diversas formas. Desde o final do verão de 2019, Bento XVI e o cardeal Sarah trocaram textos, pensamentos e propostas. Encontraram-se para trazer maior clareza às páginas que aqui se apresentam.

Fui o testemunho privilegiado, deslumbrado, desse diálogo. Agradeço-os infinitamente pela honra que hoje me cabe de ser o editor deste livro.

O texto de Bento XVI intitula-se sobriamente "O sacerdócio católico". Já de início, o Papa emérito especifica sua abordagem: "No fundamento da situação grave na qual o sacerdócio atualmente se encontra, encontramos uma falha metodológica na recepção da Escritura como Palavra de Deus". A reflexão é severa, inquietante, quase inacreditável.

Nota do editor da publicação original

Bento XVI não quis abordar só um problema tão delicado. A colaboração do cardeal Sarah foi-lhe natural e importante. O Papa emérito conhece a profunda espiritualidade do cardeal, seu espírito de oração, sua sabedoria. Nele confia. No prefácio de *A força do silêncio*[1], Bento XVI escrevia por ocasião da Semana Santa de 2017: "O cardeal Sarah é um mestre espiritual que fala baseando-se em uma profunda intimidade com o Senhor no silêncio. Por essa unidade com Ele, tem verdadeiramente algo a dizer a cada um de nós. Devemos ser reconhecidos ao Papa Francisco por ter posto um tal mestre espiritual na presidência da Congregação responsável pela celebração da liturgia na Igreja".

Por sua vez, o cardeal Sarah admira a obra teológica de Bento XVI, a potência de sua reflexão, sua humildade e sua caridade.

A vontade dos autores é perfeitamente expressa nesta frase da introdução comum do livro: "A semelhança de nossas preocupações e a convergência de nossas conclusões nos levaram a colocar o fruto de nosso trabalho e de nossa amizade espiritual à disposição de todos os fiéis, a exemplo de santo Agostinho".

A situação é simples. Dois bispos quiseram refletir. Dois bispos quiseram tornar público o fruto de sua eminente pesquisa. O texto de Bento XVI é de uma grande realização teológica. O do cardeal Sarah tem uma notável força catequética. Os argumentos se cruzam, as palavras se completam, as inteligências se estimulam.

O cardeal Sarah escolheu como título de sua carta: "Amar até o fim. Olhar eclesiológico e pastoral sobre o celibato sacerdotal". Nele reencontramos a coragem, a radicalidade e a mística que tornam seus livros incandescentes.

---

[1] Cardeal Robert Sarah, com Nicolas Diat. *La Force du silence*. Paris, Fayard, 2016; Pluriel, 2017 [Trad.: *A força do silêncio*. São Paulo: Fons Sapientiae, 2017 – NdT].

Do profundo de nosso coração

Bento XVI e o cardeal Sarah desejaram abrir e fechar este livro com dois textos comuns. Em sua conclusão, eles escrevem: "É urgente, necessário, que todos, bispos, padres e leigos, não mais se deixem impressionar pelos maus anunciadores, as encenações teatrais, as mentiras diabólicas, os erros da moda que pretendem desvalorizar o celibato sacerdotal".

De modo evidente, o Papa emérito e o cardeal Sarah não quiseram esconder a inquietude dos corações. Mas conhecem bem santo Agostinho, para o qual se voltam com frequência, para reiterar que o amor tem sempre a última palavra.

A divisa episcopal do cardeal Joseph Ratzinger era: *Ut cooperatores simus veritatis*: "Para que sirvamos do mesmo modo que somos cooperadores da verdade". Neste ensaio, com 92 anos, ele quis ainda servir à verdade. A do cardeal Robert Sarah, escolhida quando ainda era arcebispo de Conakry, capital da República da Guiné, é: *Sufficit tibi gratia mea* – "Minha graça te basta". Ela é tomada da segunda carta aos Coríntios, na qual o apóstolo Paulo descreve suas dúvidas, temendo não ser capaz de transmitir com eficácia o ensinamento do Evangelho. Mas Deus lhe responde: "Minha graça te basta; minha força manifesta-se na fraqueza" (2Cor 12,9).

Gostaria de concluir essas reflexões com duas citações que ressoam hoje com força. A primeira é tomada da homilia de Bento XVI na missa de Pentecostes de 31 de maio de 2009: "Assim como há uma poluição da atmosfera que envenena o meio ambiente e os seres vivos, há também uma poluição do coração e do espírito que mortifica e envenena a existência espiritual". A segunda é tomada do *Pórtico do mistério da segunda virtude* de Charles Péguy: "O que me espanta, diz Deus, é a esperança. E não a reencontro. Essa pequena esperança que nada parece. Essa pequena jovem esperança"[2].

---

[2] Charles Péguy. *Le Porche du mystère de la deuxième vertu*. Paris, Gallimard, col. "Poésie/Gallimard", 1929.

Nota do editor da publicação original

Buscando na profundidade de seus corações, Bento XVI e o cardeal Robert Sarah quiseram afastar esta poluição e abrir as portas à esperança.

Nicolas Diat
Roma, 6 de dezembro de 2019.

De que tendes medo?
Introdução

Em uma célebre carta endereçada ao bispo donatista Máximo, santo Agostinho anuncia sua intenção de publicar a correspondência. "Que posso fazer", pergunta, "senão ler para os fiéis católicos nossas cartas para que possam ser instruídos?"[1]. Decidimos seguir o exemplo do bispo de Hipona.

Nestes últimos meses, quando no mundo ressoava o barulho criado por um estranho sínodo das mídias que ocupava o lugar do sínodo real, nós nos encontramos. Trocamos nossas ideias e preocupações. Rezamos e meditamos em silêncio. Cada um de nossos encontros confortou-nos mutuamente e nos apazigou. Nossas reflexões, conduzidas por caminhos diferentes, nos levaram a trocar cartas. A semelhança de nossas preocupações e a convergência de nossas conclusões nos levaram a decidir a colocar o fruto de nosso trabalho e de nossa amizade espiritual à disposição de todos os fiéis, a exemplo de santo Agostinho.

---
[1] Santo Agostinho. *Epist.* 23, 7.

Do profundo de nosso coração

De fato, como ele, podemos afirmar: "*Silere non possum!* Não posso me calar! Sei o quanto o silêncio seria pernicioso para mim. Não quero me comprazer nas honras eclesiásticas, mas sei que é ao Cristo, o primeiro dos Pastores, que terei que prestar contas das ovelhas confiadas a meu cuidado. Não posso calar-me nem fingir ignorância"[2].

Como bispos, temos a solicitude para com todas as Igrejas. Com um grande desejo de paz e de unidade, oferecemos, portanto, a nossos irmãos bispos, padres e fiéis leigos do mundo inteiro o benefício de nossos intercâmbios.

Nós o fazemos em um espírito de amor pela unidade da Igreja. Se a ideologia divide, a verdade une os corações. Perscrutar a doutrina da salvação não deve senão unir a Igreja em torno de seu divino Mestre.

Nós o fazemos em um espírito de caridade. Pareceu-nos útil e necessário publicar esse trabalho em um momento em que os espíritos parecem estar apaziguados. Cada um poderá completá-lo ou criticá-lo. A busca da verdade só pode ser feita na abertura do coração.

Oferecemos, portanto, fraternalmente estas reflexões ao povo de Deus e, bem entendido, em um espírito de filial obediência ao Papa Francisco.

Pensamos em particular nos padres. Nosso coração sacerdotal quis confortá-los, encorajá-los. Com todos os padres, oramos: Salvai-nos, Senhor, pois perecemos! O Senhor dorme quando vem a tempestade. Parece nos abandonar às ondas da dúvida e do erro. Somos tentados a perder a confiança. Em toda parte, as ondas do relativismo submergem a barca da Igreja. Os apóstolos tiveram medo. Sua fé se arrefeceu. A Igreja também parece algumas vezes vacilar. No coração da tempestade, a confiança dos apóstolos no poder de Jesus havia se abalado. Vivemos

---
[2] *Ibid.*

De que tendes medo?

esse mesmo mistério. Entretanto, estamos profundamente em paz, pois sabemos que é Jesus que conduz o barco. Sabemos que jamais afundará. Cremos que somente Ele pode nos conduzir ao porto da salvação eterna.

Sabemos que Jesus está ali, conosco, no barco. Queremos reafirmar nossa confiança Nele e nossa fidelidade absoluta, plena, sem divisão. Queremos lhe reafirmar aquele grande "sim" que lhe dissemos no dia de nossa ordenação. É este "sim" total que nosso celibato sacerdotal nos faz viver a cada dia. Pois nosso celibato é uma proclamação de fé. Ele é um testemunho, pois nos faz entrar em um caminho que não tem sentido senão a partir de Deus. Nosso celibato é testemunho, isto é, martírio. A palavra grega possui os dois significados. Na tempestade, nós, padres, devemos reafirmar que estamos prontos para perder a vida pelo Cristo. Dia após dia, damos esse testemunho graças ao celibato pelo qual entregamos nossa vida.

Jesus dorme na barca. Mas se a hesitação vence, se temos medo de colocar Nele nossa confiança, se o celibato nos faz recuar, então tememos ouvir sua reprovação: "De que tendes medo? Homens de pouca fé!" (Mt 8,26).

Texto escrito pelo Cardeal Robert Sarah,
lido e aprovado por Bento XVI.
Cidade do Vaticano, setembro de 2019.

I
O sacerdócio católico

por Bento XVI

Diante da crise duradoura que o sacerdócio atravessa há muitos anos, pareceu-me necessário voltar às raízes profundas do problema. Havia começado um trabalho de reflexão teológica, mas a idade e uma certa lassidão me levaram a abandoná-lo. Meus intercâmbios com o cardeal Robert Sarah deram-me a força de retomá-la e concluí-la.

No fundamento da situação grave na qual hoje o sacerdócio se encontra, há um defeito metodológico na recepção da Escritura como Palavra de Deus.

O abandono da interpretação cristológica do Antigo Testamento conduziu muitos exegetas contemporâneos a uma teologia deficiente do culto. Não compreenderam que Jesus, longe de abolir o culto e a adoração devidos a Deus, assumiu-os e cumpriu-os no ato de amor de seu sacrifício. Alguns chegaram a recusar a necessidade de um sacerdócio autenticamente cultual na Nova Aliança.

Na primeira parte de meu estudo, pretendi iluminar a estrutura exegética fundamental que permite uma adequada teologia do sacerdócio.

Na segunda parte, aplicando essa hermenêutica ao estudo de três textos, explicitei as exigências do culto em espírito e em verdade. O ato cultual passa então a ser uma oferenda da totalidade de sua vida no amor. O sacerdócio de Jesus Cristo nos faz entrar em um caminho que consiste em unir-se a Ele e em renunciar a tudo que não pertence senão a nós. Tal é o fundamento para os padres da necessidade do celibato, mas também da oração litúrgica, da meditação da Palavra de Deus e da renúncia aos bens materiais.

Agradeço ao caro cardeal Sarah por ter me dado a ocasião de novamente saborear textos da Palavra de Deus que guiaram meus passos a cada dia de minha vida de sacerdote.

A elaboração do sacerdócio neotestamentário na exegese cristológico-pneumatológica

O movimento que se formou em torno de Jesus de Nazaré era um movimento de leigos – ao menos durante o período pré-pascal. Assemelhava-se nisso ao dos fariseus, e é por isso que os primeiros conflitos descritos nos Evangelhos se referem essencialmente a eles. É somente na ocasião da última *Pèsach* (Páscoa) de Jesus em Jerusalém que a aristocracia sacerdotal do Templo – os saduceus – nota Jesus e seu movimento, o que conduziu ao processo, à condenação e à execução de Jesus. O sacerdócio do Templo era hereditário: alguém que não houvesse saído de uma família de sacerdotes não poderia se tornar sacerdote. Em consequência, os ministérios da comunidade que começava a se constituir em torno de Jesus não poderiam pertencer ao quadro do sacerdócio veterotestamentário.

Examinemos rapidamente as estruturas ministeriais essenciais da primeira comunidade de Jesus.

O sacerdócio católico

Apostolos

No mundo grego, a palavra "*apóstolo*" é um termo técnico que pertence à linguagem político-institucional[1]. No judaísmo pré-cristão, essa palavra é usada para vincular entre si a função profana de enviado, a responsabilidade diante de Deus e a significação religiosa. Ela indica nesse contexto o enviado por Deus e designado para um cargo.

Episkopos

Em grego, na língua corrente, a palavra "*episkopos*" indica as funções às quais são associadas as tarefas de naturezas técnica e financeira. Tem, entretanto, também um sentido religioso, na medida em que, com frequência, aqueles que são chamados de *episkopos*, isto é, "protetores", são os deuses. "A Setenta usa a palavra *episkopos* nos dois sentidos já em uso no mundo grego pagão: de um lado, como designação de Deus e, de outro, no sentido profano e genérico de 'vigia'"[2].

Presbyteros

Enquanto entre os cristãos de origem pagã prevalece o termo *episkopos* para designar os ministros, a palavra *presbyteros* é característica do meio judaico-cristão. Em Jerusalém, a tradição judaica do "mais antigo", considerada como uma espécie de órgão institucional, se desenvolve rapidamente, até se chegar a uma primeira forma de ministério cristão.

A partir desse momento, vemos se desenvolver na Igreja composta de judeus e pagãos a tripla forma ministerial composta de bispos, padres e diáconos. Já a encontramos claramente mencionada por Inácio de An-

---

[1] Cf. Gerhard Kittel; Friedrich Gerhard (eds.). *Theologisches Wörterbuch zum Neuen Testament*. v. I. Stuttgart: W. Kohlhammer, 1957-1979. Reimpressão idêntica à edição de 1933. p. 406.
[2] *Ibid.*, v. II, p. 610.

tioquia no final do século I. Até hoje, ela expressa de maneira apropriada a estrutura ministerial da Igreja de Jesus Cristo tanto do ponto de vista terminológico quanto ontológico.

É preciso retirar uma primeira conclusão do que precede. O caráter laico do primeiro movimento de Jesus e o caráter não cultual e não sacerdotal dos primeiros ministérios não procedem de uma escolha anticultual e antijudaica. São uma consequência da situação particular do sacerdócio do Antigo Testamento, na qual o sacerdócio é exclusivamente reservado à tribo de Aarão-Levi. Nos dois outros "movimentos laicos" do tempo de Jesus, a relação com o sacerdócio é diferente: os fariseus parecem ter vivido fundamentalmente em sintonia com a hierarquia do Templo, opondo-se a ela no que concerne à sua crença na ressurreição dos corpos. Entre os essênios e o movimento revelado pelos manuscritos de Qumrã, que parece estar ligado a eles, a situação é mais complexa. Uma parte do movimento de Qumrã foi marcada pela oposição com o Templo herodiano e com o sacerdócio que lhe correspondia. Não se tratava de negar o sacerdócio, mas antes de reconstituí-lo em sua forma pura e correta. De igual modo, no movimento de Jesus não se trata absolutamente de "dessacralização", de "deslegalização" nem de recusa do sacerdócio e da hierarquia. A crítica dos profetas ao culto é certamente assumida, mas ela é unificada de um modo surpreendente com a tradição sacerdotal e cultual em uma síntese que devemos tentar compreender. Em meu livro *O espírito da liturgia*[3], expus as diferentes críticas dos profetas referentes ao culto. Elas foram retomadas por Estêvão, e são Paulo as vincula à nova tradição cultual da última Ceia de Jesus. O próprio Jesus havia retomado e aprovado a crítica dos profetas ao culto, em particular sobre a diferença relativa à interpretação correta do *Shabbat* (cf. Mt 12,7-8).

---

[3] Joseph Ratzinger. *L'Esprit de la liturgie*. Ad Solem, 2001 [trad.: *Introdução ao espírito da liturgia*. São Paulo: Loyola, 2015. NdT].

O sacerdócio católico

Examinemos primeiramente a relação de Jesus com o Templo como expressão da presença especial de Deus no meio de seu povo eleito e como um lugar de culto para o qual Moisés havia fixado regras. O episódio de Jesus com a idade de 12 anos no Templo mostra que sua família era observante e que Ele mesmo participava da devoção de sua própria família. As palavras que dirige à sua mãe – "não sabíeis que devo estar na casa de meu Pai?" (Lc 2,49) – exprimem a convicção de que o Templo representa de maneira especial o lugar onde Deus habita, e, portanto, o lugar apropriado para que o Filho ali permaneça. Do mesmo modo, durante o curto período de sua vida pública, Jesus participa das peregrinações de Israel ao Templo, e após sua ressurreição, é notório que sua comunidade se reúna regularmente no Templo para o ensino e a oração.

Entretanto, para a purificação do Templo, Jesus quis introduzir um acento fundamentalmente novo (Mc 11,15 ss.; Jo 2,13-22). A interpretação segundo a qual esse gesto de Jesus não teria tido senão a intenção de combater os abusos e de confirmar, de tal modo, a função do Templo, é insuficiente. Em João encontramos palavras que interpretam a ação de Jesus como uma prefiguração da destruição desse edifício de pedra, que deveria ser substituído por seu próprio corpo como novo Templo. Nos sinóticos essa interpretação de Jesus aparece nos lábios de falsos testemunhos do processo (Mc 14,58). A versão dos testemunhos era deformada, sendo, portanto, inútil no quadro do processo. Mas ocorre que Jesus havia pronunciado essas palavras cuja expressão literal não pôde ser determinada de uma maneira suficientemente clara ao longo do processo. A Igreja nascente teve, portanto, razão em assumir a versão joanina como sendo autenticamente de Jesus. Isso significa que Jesus considera a destruição do Templo como a consequência da atitude errônea das mais altas autoridades da hierarquia sacerdotal. Todavia, como em cada momento crucial da história da salvação, Deus vale-se aqui do comportamento errôneo dos homens como um *modus* [meio] para manifestar um amor maior. Jesus considera, em última análise, a destruição do Templo existente como uma etapa da cura divina. Ele a interpreta como a formação e a organização de um culto novo e definitivo. Nesse sentido, a purificação do Templo constitui o anúncio de uma nova forma de adoração de Deus, e, em consequência, ela concerne a natureza do culto e do sacerdócio.

É evidente que a última ceia, com a oferenda do corpo e do sangue de Jesus Cristo, é decisiva para se compreender o que Jesus quis ou rejeitou em relação ao culto. Não é o caso de entrarmos na controvérsia que se desenvolveu em seguida a respeito da interpretação exata desse evento e das palavras de Jesus. Entretanto, é importante sublinhar que Jesus retoma a tradição do Sinai e se apresenta, assim, como o novo Moisés, mas também a esperança da Nova Aliança, formulada de uma maneira particular por Jeremias. Ele anuncia, de tal modo, uma superação da tradição do Sinai, no centro da qual ele se coloca a si mesmo, simultaneamente como aquele que sacrifica e como vítima. É preciso considerar que esse Jesus que se coloca em meio a seus discípulos é também aquele que se doa a eles em sua carne e em seu sangue, antecipando, assim, a Cruz e a ressurreição.

Sem a ressurreição, nada disto teria sentido. A crucifixão de Jesus não é em si um ato cultual. Os soldados romanos que o executaram não são sacerdotes. Procedem em um ato de matar, não pensam absolutamente em realizar um ato relevante de culto. O fato de que Jesus doa a si mesmo para sempre como alimento desde a última Ceia significa a antecipação de sua morte e de sua ressurreição. Isso significa a transformação de um ato de crueldade humana em um ato de amor e oferenda de si. É desse modo que Jesus realiza a renovação fundamental do culto que permanecerá para sempre válida e obrigatória. Ele transforma o pecado dos homens em um ato de perdão e de amor no qual os futuros discípulos podem entrar participando daquilo que Jesus instituiu. Compreende-se, assim, a razão pela qual, na Igreja, santo Agostinho chama a passagem de ceia do sacrifício matutino. A ceia é o dom que Deus nos oferece no amor de Jesus que perdoa. A humanidade, por sua vez, pode acolher esse gesto de amor de Deus e restituí-lo a Deus.

Em tudo isso, nunca está diretamente em questão o sacerdócio. Contudo, mostra-se claramente que a antiga ordem de Aarão é superada e que o próprio Jesus se apresenta como Sumo Sacerdote. Em Jesus, fundem-se a tradição cultual que remonta a Moisés e a crítica do culto feita pelos profetas. Amor e sacrifício são uma só coisa. Em meu livro sobre Jesus[4], expus como essa nova fundação de culto e, com ele, do sacerdócio já é completamente realizada em são Paulo. Essa unidade fundamental entre o amor e o sacrifício repousa na mediação constituída pela morte e ressurreição de Jesus. Ela era claramente admitida pelos adversários do anúncio paulino.

A destruição dos muros do Templo, causada pelo homem, é assumida de modo positivo por Deus. Não há mais muros, pois o Cristo ressuscitado tornou-se, para o ser humano, o espaço de adoração de Deus. Dessa maneira, o desmoronamento do Templo herodiano significa que agora nada mais se interpõe entre, de um lado, o espaço linguístico e existencial da legislação mosaica, e, de outro, aquele do movimento reunido em torno de Jesus. Os ministérios cristãos (*episkopos*, *presbyteros*, *diakonos*) e os que eram regulamentados pela lei mosaica (sumos sacerdotes, sacerdotes, levitas) situam-se, agora, abertamente uns ao lado dos outros. Podem agora ser identificados uns em relação aos outros em uma nova claridade. De fato, a equivalência terminológica se realiza muito rapidamente: *episkopos* designa o Sumo Sacerdote, *presbyteros*, o sacerdote, *diakonos*, o levita. Reencontramo-la de uma maneira muito clara

---

[4] Joseph Ratzinger. *Jésus de Nazareth*. v. 2. De l'entrée à Jérusalem à la Résurrection. Éditions du Rocher, 2011, p. 54-57 [trad.: *Jesus de Nazaré*. Da entrada em Jerusalém à Ressureição. São Paulo, Planeta, 2016.]

Do profundo de nosso coração

nas catequeses sobre o batismo, de santo Ambrósio, que certamente se referem a modelos e documentos mais antigos, dos quais são Clemente Romano é um dos primeiros testemunhos, em torno de 96, em sua primeira carta aos coríntios: "Devemos fazer de modo ordenado tudo aquilo que o Mestre ordenou realizar conforme os momentos fixados. Ele ordenou que as oferendas e as funções litúrgicas se realizem não ao acaso ou sem ordem, mas em tempos e momentos determinados. Pois ao Sumo Sacerdote foram atribuídas as funções que lhe são próprias, aos sacerdotes foi marcado seu lugar próprio, aos levitas são impostos serviços específicos. Aquele que é leigo está vinculado aos preceitos próprios aos leigos"[5]. Assistimos também a emergência da interpretação cristológica do Antigo Testamento, que pode ser também considerada como uma interpretação pneumatológica. Foi desse modo que o Antigo Testamento pôde se tornar e permanecer a Bíblia dos cristãos. Essa interpretação cristológico-pneumatológica foi qualificada de "alegórica" em uma perspectiva histórico-literária. Mas é evidente que devemos nela ler a motivação da profunda novidade da interpretação cristã do Antigo Testamento. Aqui, a alegoria não é um meio literário destinado a tornar o texto utilizável para novas finalidades. Ela é a expressão de uma passagem histórica que corresponde à lógica interna do texto.

A Cruz de Jesus Cristo é o ato de amor radical no qual se realiza realmente a reconciliação entre Deus e o mundo marcado pelo pecado. Essa é a razão pela qual esse evento, que em si mesmo não é de tipo cultual, representa a suprema adoração de Deus. Na Cruz, a linha "catabática" da descida de Deus e a linha "anabática" da oferenda da humanidade a Deus tornam-se um ato único. Pela Cruz, o corpo de Cristo se torna o novo Templo por ocasião da ressurreição. Na celebração da Eucaristia, a Igreja e mesmo a humanidade, de modo incessante, são atraídas e im-

---
[5] Clemente Romano. *Épître aux Corinthiens* [*Epístola aos Coríntios*]. Trad. de Annie Jaubert. Paris: Cerf, 1971, capítulo VII, 40, 1-5, p. 167.

plicadas nesse processo. Na Cruz do Cristo, a crítica do culto feita pelos profetas atinge seu fim de modo definitivo. Entretanto, um novo culto é instituído. O amor do Cristo, que está sempre presente na Eucaristia, é o novo ato de adoração. Em consequência, os ministérios sacerdotais de Israel são "anulados" no serviço do amor, que significa concomitantemente adoração a Deus. Essa nova unidade entre o amor e o culto, entre crítica do culto e glorificação de Deus no serviço do amor, é certamente uma tarefa inaudita que foi confiada à Igreja e que cada geração deve realizar novamente.

Assim, a superação pneumática da "letra" veterotestamentária no ministério da Nova Aliança requer sempre novas superações da "letra" no espírito. No século XVI, Lutero, que se baseava em uma leitura completamente diferente do Antigo Testamento, não estava mais em condições de efetuar essa passagem. Por essa razão, ele interpreta o culto veterotestamentário e o sacerdócio que lhe era destinado unicamente como uma expressão da "Lei". Ora, para ele, este não era mais um caminho de graça de Deus, mas a ele oposto. Ele era levado, portanto, a contrapor radicalmente os ofícios ministeriais neotestamentários ao sacerdócio como tal.

Na época do Vaticano II, essa questão da oposição entre ministérios e sacerdócio tornou-se absolutamente incontornável, inclusive para a Igreja católica. De fato, a "alegoria" como passagem pneumática do Antigo para o Novo Testamento havia se tornado incompreensível. O decreto do concílio sobre o ministério e a vida dos sacerdotes praticamente não aborda essa questão. Contudo, no período seguinte, ela nos assolou com urgência sem precedentes, mergulhando em uma crise do sacerdócio que perdura até a atualidade da Igreja.

Gostaria de ilustrar essa afirmação evocando duas observações pessoais. A maneira pela qual um de meus amigos, o grande especialista sobre a Índia, Paul Hacker, abordou a questão com sua paixão habitual, acerca da conversão do luteranismo convicto ao catolicismo, ficou impressa em minha memória. Ele considerava os "padres" como uma realidade definitivamente ultrapassada no Novo Testamento. Com uma indignação apaixonada, opunha-se, antes de tudo, ao fato de que na palavra alemã "*Priester*", que deriva do grego "*presbyteros*", continuava a ressoar, apesar de tudo – e isso é um fato – a significação de "sacerdócio". Não sei mais como, finalmente, ele conseguiu resolver a questão.

Eu mesmo, ao longo de uma conferência sobre o sacerdócio na Igreja, feita imediatamente após o concílio, acreditei dever apresentar o sacerdote do Novo Testamento como aquele que medita a Palavra e não como um "artesão do culto". É verdade que a meditação da Palavra de Deus é uma tarefa importante e fundamental do sacerdote de Deus na Nova Aliança. Entretanto, a Palavra se fez carne. Meditá-la significa sempre também alimentar-se da carne que nos é dada na Santíssima Eucaristia como pão do céu. Meditar a Palavra na Igreja da Nova Aliança torna-se sempre abandonar-se à carne de Jesus Cristo. Esse abandono implica aceitar nossa própria transformação pela Cruz.

Retornarei a esse ponto. Examinemos, por ora, algumas etapas no desenvolvimento concreto da história da Igreja.

Pode-se observar um primeiro passo na instituição de um novo ministério. Os Atos dos Apóstolos evocam a sobrecarga de trabalho dos apóstolos que, além da tarefa do anúncio e da oração da Igreja, deviam assumir ao mesmo tempo a plena responsabilidade do cuidado dos pobres. Isso teve por consequência que a parte helenizante da Igreja nascente se sentisse abandonada. Os apóstolos decidiram então consagrar-se inteiramente à oração e ao serviço da Palavra. Para as tarefas caritativas, criam o ministério dos Sete, que se identificará mais tarde com o diaconato. Além disso, o exemplo de santo Estêvão mostra que esse ministério também não requeria apenas um trabalho puramente prático de ordem caritativa, mas igualmente o Espírito e a fé, portanto, uma capacidade de servir à Palavra.

O sacerdócio católico

Um problema, que continua crucial até hoje, emerge do fato de que os novos ministérios não repousam sobre uma descendência familiar, mas sobre uma eleição e uma vocação divinas. Outrora, a continuidade da hierarquia sacerdotal de Israel era assegurada pelo próprio Deus, pois, em última análise, era Ele que dava os filhos aos pais. Os novos ministérios, ao contrário, não repousam sobre a pertença a uma família, mas sobre uma vocação dada por Deus. No mais, esse chamado deve ser reconhecido e aceito por seu destinatário. Esta é a razão pela qual, na comunidade neotestamentária, o problema da vocação se coloca desde as origens: "Pedi ao Senhor da messe que envie operários para a messe!" (Mt 9,38). A cada geração, a Igreja é animada pela esperança e o cuidado de encontrar aqueles que são chamados. Sabemos quanto essa questão é ainda um labor e uma preocupação para a Igreja.

Há outra questão que está diretamente ligada a esse problema. Logo – não sabemos exatamente quando, mas, em todo caso, rapidamente –, a celebração regular, e mesmo cotidiana, da Eucaristia tornou-se essencial para a Igreja. O pão "suprasubstancial" é ao mesmo tempo o pão "cotidiano" da Igreja. Isso teve uma consequência importante que, precisamente, toca atualmente a Igreja[6].

Na consciência comum de Israel, os sacerdotes deviam respeitar rigorosamente a abstinência sexual nos períodos em que exerciam o culto e estavam, portanto, em contato com o mistério divino. A relação entre a abstinência sexual e o culto divino foi absolutamente clara na consciência comum de Israel. A título de exemplo, gostaria de lembrar

---

[6] Acerca da significação da palavra *epioúsios* (*supersubstantialis*), cf. Eckhard Nordhofen. Was für ein Brot? [Que tipo de pão?]. In: *Internazionale katholische Zeitschrift Communio*, v. 46, n. 1, p. 3-22, 2017. Gerd Neuhaus. Moglichkeit un Grenzen einer Gottespräsenz im menschlichen "Fleish". Anmerkungen zu Eckhard Nodhofens Relektüre der vierten Vaterunser-Bitte [Possibilidade e limites de uma presença divina na "carne" do homem. Observações sobre a releitura de Eckhard Nordhofen acerca do quarto pedido do Pai-nosso]. In: *Internazionale katholische Zitschrift Communio*, v. 46, n. 1, p. 23-32, 2017.

o episódio de Davi que, fugindo de Saul, pede ao sacerdote Aquimelec que lhe desse pão: "O sacerdote replicou a Davi: 'Não tenho à mão pão comum, só pão sagrado. Poderás tomá-lo se teus jovens tiverem evitado o contato com mulheres'. Davi respondeu ao sacerdote, dizendo: 'Seguramente, pois tivemos de abster-nos de mulheres ontem e anteontem'" (1Sm 21,5-6)[7]. Sendo dado que os sacerdotes do Antigo Testamento não deviam se consagrar ao culto senão durante períodos determinados, o casamento e o sacerdócio eram compatíveis.

Contudo, em razão da celebração eucarística regular e mesmo cotidiana, a situação dos sacerdotes da Igreja de Jesus Cristo é radicalmente diversa. Agora, toda sua vida está em contato com o mistério divino. Isso exige de sua parte a exclusividade para com Deus. Isso exclui, em consequência, os outros vínculos que, como o casamento, implicam toda a vida. Da celebração cotidiana da Eucaristia, que implica um estado permanente de serviço a Deus, nasce espontaneamente a impossibilidade de um vínculo matrimonial. Pode-se dizer que a abstinência sexual, que era funcional, transformou-se por si mesma em uma abstinência ontológica. Assim, sua motivação e sua significação transformaram-se do interior e em profundidade.

Em nossos dias, afirma-se muito facilmente que tudo isso seria apenas a consequência de um desprezo pela corporeidade e pela sexualidade. A crítica segundo a qual o fundamento do celibato sacerdotal seria uma concepção maniqueísta do mundo já havia sido formulada no século IV. Entretanto, ela foi imediatamente repelida de maneira decisiva pelos Padres da Igreja que a anularam por certo tempo.

Tal juízo é errôneo. Para demonstrá-lo, basta recordar que a Igreja sempre considerou o casamento como um dom conferido por Deus já no paraíso terrestre. Todavia, o estado conjugal concerne ao homem em sua

---

[7] As citações bíblicas desta tradução são da tradução da Bíblia da CNBB (NdT).

totalidade, ora, se o serviço do Senhor exige igualmente o dom total do homem, não parece possível realizar simultaneamente as duas vocações. De tal modo, a atitude de renunciar ao matrimônio para se colocar totalmente à disposição do Senhor tornou-se um critério para o ministério sacerdotal.

Quanto à forma concreta do celibato na Igreja antiga, convém ainda sublinhar que os homens casados não podiam receber o sacramento da Ordem se não se comprometessem a respeitar a abstinência sexual, a viver, portanto, o assim chamado casamento "de são José". Tal situação parece ter sido normal ao longo dos primeiros séculos. Havia um número expressivo de homens e mulheres que consideravam que era razoável e possível viver dessa maneira doando-se juntos ao Senhor[8].

Três textos para esclarecer a noção cristã de sacerdócio

Para concluir estas reflexões, gostaria de interpretar três textos da Sagrada Escritura nos quais se revela a unidade profunda entre os dois Testamentos por meio da passagem do Templo de pedra ao Templo que é o corpo do Cristo. Todavia, essa unidade não é simplesmente mecânica, mas revela um progresso que mostra quanto a intenção profunda das palavras iniciais se realiza precisamente pela passagem da "letra" ao Espírito.

Salmo 16,5-6: as palavras utilizadas para a recepção no estado clerical antes do concílio

Gostaria de primeiramente interpretar as palavras dos versículos 5 e 6 do salmo 16 que, antes do Concílio Vaticano II, eram utilizadas

---

[8] Encontram-se amplas informações sobre a história do celibato nos primeiros séculos em: HEID, Stefan. *Zölibat in der frühen Kirche. Dia Anfänge einer Enthaltsamkeitspflicht für Kleriker in Ost und West* [*O celibato na Igreja primitiva. As origens de um dever de abstinência dos membros do clero no Oriente e no Ocidente*]. Ferdinand Schöningh, 1997.

durante a cerimônia de tonsura, que marcava o ingresso no estado clerical. Essas palavras eram pronunciadas pelo bispo, depois repetidas pelo candidato que, dessa maneira, era acolhido no clero da Igreja: "*Dominus pars hereditatis meae et calicis mei tu es qui restitues hereditatem meam mihi*" ("Ó Senhor, sois minha herança e minha taça, meu destino está seguro em vossas mãos: foi preparada para mim a melhor terra, e eu exulto de alegria em minha herança" (Sl 16,5-6). De fato, o salmo exprime exatamente, no Antigo Testamento, o que agora significa na Igreja: a aceitação na comunidade sacerdotal. Essa passagem lembra que todas as tribos de Israel, mesmo cada família, representavam a herança da promessa de Deus a Abraão. Isso se exprimia concretamente pelo fato de cada família obter em herança uma porção da Terra prometida, da qual ela se tornava proprietária. A posse de uma parte da Terra santa dava a cada família a certeza de participar na promessa. Ela lhe assegurava concretamente sua subsistência. Cada um devia obter a quantidade de terra de que necessitava para viver. A história de Naboth (1Rs 21,1-29), que recusa absolutamente ceder sua vinha ao rei Acab, ainda que este lhe dissesse estar pronto a lhe ressarcir integralmente, mostra com clareza a importância dessa parte concreta da herança. Para Naboth, a vinha era mais que um precioso pedaço de terra: era sua participação na promessa de Deus feita a Israel. Na medida em que cada israelita dispunha de um terreno que lhe assegurava o necessário para viver, a tribo de Levi tinha isto em particular: era a única tribo que não herdava uma porção de terra. O levita era privado de terra e era desprovido, portanto, de uma subsistência imediata provinda da terra. Ele vivia somente de Deus e para Deus. Na prática, isso implicava que ele devia viver, segundo normas precisas, das oferendas sacrificais que Israel reservava a Deus.

Essa figura veterotestamentária se realiza nos sacerdotes da Igreja de uma maneira nova e mais profunda: eles devem viver somente de

O sacerdócio católico

Deus e para ele. São Paulo explicita com clareza o que isso implica concretamente. O apóstolo vive daquilo que os homens lhe dão, porque ele mesmo lhes dá a Palavra de Deus, que é nosso pão autêntico e nossa verdadeira vida. No Antigo Testamento, os levitas renunciam à posse da terra. No Novo Testamento, essa privação se transforma e se renova: os sacerdotes, porque são radicalmente consagrados a Deus, renunciam ao casamento e à família. A Igreja interpretou a palavra "clérigo" nesse sentido. Entrar no estado clerical significa renunciar a seu próprio centro vital e aceitar somente a Deus como sustento e garantia de sua própria vida.

O verdadeiro fundamento da vida do sacerdote, a marca de sua existência, a terra de sua vida é o próprio Deus. O celibato, que vale para os bispos em toda a Igreja oriental e ocidental e, segundo uma tradição que remonta à época próxima à dos apóstolos, para os padres em geral da Igreja latina, somente pode ser compreendido e vivido de modo definitivo sobre esse fundamento.

Meditei longamente sobre essa ideia durante o retiro que preguei na Quaresma de 1983 diante de João Paulo II e a cúria romana: "É inútil ir mais longe para compreender o salmo em nossa própria espiritualidade. O que há de fundamental no sacerdócio é uma situação similar à do levita, não possuidor de uma terra, mas projetado em Deus. O relato da vocação em Lc 5,1-11 conclui-se com estas palavras: 'Eles deixaram tudo e o seguiram' (Lc 5,11). Sem a renúncia aos bens materiais não poderia haver sacerdócio. O apelo a seguir Jesus não é possível sem esse sinal de liberdade e de renúncia a todos os compromissos. Creio que o celibato comporta uma grande significação como abandono de um possível domínio terreno e de um círculo de vida familiar; o celibato torna-se verdadeiramente indispensável para que nosso itinerário para Deus possa continuar sendo o fundamento de

Do profundo de nosso coração

nossa vida e se expressar concretamente. Isso significa, bem entendido, que o celibato deve penetrar com suas exigências todas as atitudes da existência. Ele não poderia atingir sua plena significação se nos conformássemos às regras da propriedade e às atitudes de vida comumente praticadas hoje. Não poderia haver estabilidade se não colocássemos nossa união com Deus no centro de nossas vidas.

Tal como o salmo 119, o salmo 16 recorda com vigor a necessidade de uma meditação pela qual faremos verdadeiramente nossa a Palavra de Deus, de uma meditação que somente pode nos levar a permanecer nessa Palavra. O aspecto comunitário da piedade litúrgica está necessariamente ligado à meditação. Esse aspecto se atualiza quando o salmo 16 fala do Senhor chamando-o de 'minha taça' (v. 5). Na linguagem habitual do Antigo Testamento, essa expressão remete tanto ao cálice festivo que passava de mão em mão na refeição cultual, quanto ao cálice fatal, o cálice da cólera ou da salvação. Quando ora, o sacerdote do Novo Testamento pode, de modo particular, reconhecer nele o cálice pelo qual o Senhor se tornou nosso amigo no sentido mais profundo; é o Cálice da Eucaristia do qual o próprio Senhor participa, na medida em que ele é nossa vida.

A vida sacerdotal na presença de Deus se concretiza, assim, de maneira existencial graças ao mistério eucarístico. Compreendida em seu sentido mais profundo, a Eucaristia é nossa terra, ela se torna a parte que nos cabe, aquela da qual podemos dizer (v. 6): foi demarcada para mim a melhor terra e eu exulto de alegria em minha herança"[9].

Guardo viva na memória a lembrança do dia em que, na vigília da recepção da tonsura, meditei esse versículo do salmo 16. Compreendi bruscamente o que o Senhor esperava de mim naquele momento: ele queria dispor inteiramente de minha vida e, ao mesmo tempo, confiava-se

---

[9] Joseph Ratzinger. *Le ressuscité*. Paris: Desclée de Brower, 1986. p. 174-175.

inteiramente a mim. Pude então considerar que as palavras desse salmo se aplicavam a todo meu destino: "Ó, Senhor, sois minha herança e minha taça, meu destino está seguro em vossas mãos. Foi demarcada para mim a melhor terra e eu exulto de alegria em minha herança (Sl 16,5-6)".

Livro do Deuteronômio (10,8 e 18,5-8). As palavras incorporadas na Oração eucarística II: o papel da tribo de Levi relido em uma perspectiva cristológica e pneumatológica para os sacerdotes da Igreja

Em segundo lugar, gostaria de analisar uma passagem tomada da Oração eucarística II da liturgia romana posterior à reforma do Concílio Vaticano II. O texto da Oração eucarística II é geralmente atribuído a santo Hipólito (morto por volta de 235). Ele é, em todo caso, mais antigo. Nele encontramos as seguintes palavras: "*Domine, panem vitae et calicem salutis offerimus, gratias agentes quia nos dignos habuisti astare coram te et tibi ministrare*". Essa frase não significa, como alguns liturgistas querem nos fazer crer, que mesmo durante a oração eucarística os sacerdotes e os fiéis devem se manter em pé e não ajoelhar[10]. Pode-se deduzir a boa compreensão dessa frase ao se considerar que ela é citada literalmente de Dt 10,8 e de Dt 18,5-8, em que é evocado papel cultual essencial da tribo de Levi: "Naquele tempo, o Senhor destacou a tribo de Levi para transportar a arca da aliança do Senhor e para estar diante do senhor,

---

[10] Enquanto a tradução alemã oficial da Oração eucarística II diz corretamente: "Vor dir zu stehen und dir zu dienen" ("Permanecer diante de vós e vos servir"), a tradução italiana simplifica o texto, omitindo a imagem do estar diante de Deus. De fato, ela diz: "Ti rendiamo grazie di averci ammessi alla tua presenza a compiere il servizio sacerdotele" ("Nós vos damos graças por sermos admitidos diante em tua presença para realizar o serviço sacerdotal"). (No Brasil, a oração tem a seguinte tradução: " Nós vos damos graças e vos agradecemos porque nos tornastes dignos de estar aqui na vossa presença e vos servir" - NdT.)

para o servir e para abençoar em seu nome – até o dia de hoje" (Dt 10,8). "Pois o Senhor, teu Deus, o escolheu-te dentre todas as tuas tribos, para que ele e seus filhos estejam a serviço do nome do Senhor, todos os dias" (Dt 18,5).

No Deuteronômio, as palavras "permanecer diante de Deus e o servir" servem para definir a essência do sacerdócio. Foram em seguida incorporadas na oração eucarística da Igreja de Jesus Cristo para exprimir a continuidade e a novidade do sacerdócio na Nova Aliança. O que outrora era dito da tribo de Levi e que a ela concernia exclusivamente aplica-se agora aos padres e bispos da Igreja. Com base em uma concepção inspirada pela Reforma, poderíamos ser tentados a afirmar que estamos diante de um recuo em relação à novidade da comunidade de Jesus Cristo. Seríamos tentados a ver nisso uma recaída em um sacerdócio que deveria ser superado e rejeitado. Bem ao contrário, trata-se precisamente do passo adiante da Nova Aliança, que assume e ao mesmo tempo transforma a Antiga Aliança elevando-a à estatura de Jesus Cristo. O sacerdócio não é mais ligado à pertença a uma família, mas é aberto à vasta dimensão da humanidade. Ele não coincide mais com a administração do sacrifício no Templo, mas reúne a humanidade no amor de Jesus Cristo que abraça o mundo inteiro. O culto e a crítica do culto, o sacrifício litúrgico e o serviço do amor ao próximo são um só. Em consequência, as palavras *"astare coram te et tibi ministrare"* não visam uma atitude exterior. Ao contrário, representam um ponto de unidade profunda entre o Antigo e o Novo Testamento, e descrevem a natureza mesma do sacerdócio. Em última análise, essas palavras nos remetem ao fato de que estamos todos diante de Deus.

Procurei interpretar esse texto em uma homilia pronunciada na Basílica de São Pedro de Roma, na Quinta-feira Santa de 2008, da qual cito um extrato: "Ao mesmo tempo, a Quinta-feira Santa é para nós uma

O sacerdócio católico

ocasião de perguntarmos sempre de novo: a quem dissemos 'sim'? Que significa ser 'sacerdote de Jesus Cristo'? O cânon II de nosso missal, que provavelmente foi redigido no final do século II em Roma, descreve a essência do ministério sacerdotal com as palavras pelas quais, no livro do Deuteronômio (18,5-7), era descrita a essência do sacerdócio veterotestamentário: '*astare coram te et tibi ministrare*'. Essas são duas tarefas que definem a essência do ministério sacerdotal: em primeiro lugar, o fato de 'estar na presença do Senhor'. No livro do Deuteronômio, isso deve ser lido no contexto da disposição precedente, segundo a qual os sacerdotes não recebem porção de terreno da Terra Santa – vivem de Deus e para Deus. Não se dedicavam aos trabalhos habituais necessários para assegurar a vida cotidiana. Sua profissão era 'estar diante do Senhor' – velar com Ele, estar ali por Ele". Assim, em definitivo, a Palavra indicava uma vida em presença de Deus bem como um ministério para representação dos outros. Assim como os outros cultivavam a terra, da qual vivia igualmente o sacerdote, de sua parte ele manteria o mundo aberto para Deus, deveria viver com o olhar voltado para Ele.

Se essas palavras estão presentes no cânon da missa imediatamente após a consagração dos dons, após a entrada do Senhor na assembleia em oração, então isso significa para nós que é preciso estarmos na presença do Senhor, isto é, que isso indica a Eucaristia como centro da vida sacerdotal. Mas aqui também a dimensão é bem superior. No hino da liturgia das horas que, ao longo da Quaresma, introduz o ofício das leituras – o ofício que, entre os monges, era recitado durante a vigília noturna diante de Deus e para os homens – uma das obras da Quaresma é descrita com o imperativo "*arctius perstemus in custodia*" ("vigiemos de maneira mais intensa"). Na tradição do monaquismo siríaco os monges eram qualificados como "aqueles que estão em pé". Estar em pé era a expressão da vigilância. Naquilo que aqui é considerado como o dever dos

Do profundo de nosso coração

monges podemos discernir igualmente a expressão da missão sacerdotal e a justa interpretação da palavra do Deuteronômio: o sacerdote deve ser alguém que vela. Deve ser vigilante em face dos poderes ameaçadores do mal. Deve guardar o mundo desperto para Deus. Deve ser alguém que permanece em pé: reto diante da corrente dos tempos. Reto na verdade. Reto no engajamento no serviço do bem. Estar na presença do Senhor deve sempre significar um encarregar-se dos homens junto ao Senhor que, por sua vez, encarrega-se de nós diante do Pai. E isso deve significar encarregar-se do Cristo, de sua Palavra, de sua verdade, de seu amor. O padre deve ser reto, corajoso e mesmo disposto a sofrer ultrajes pelo Senhor, como narra os Atos dos Apóstolos: ficaram "alegres por serem dignos de terem sido ultrajados em nome de Jesus" (5,41).

Passemos à segunda frase, que o cânon II retoma do texto do Antigo Testamento: "estar aqui na vossa presença e vos servir". O sacerdote deve ser uma pessoa cheia de retidão, vigilante, que se mantém em prontidão. A tudo isso acrescenta-se a necessidade de servir. No texto veterotestamentário, essa frase tem uma significação essencialmente ritual: cabem aos sacerdotes todas as ações de culto previstas na Lei. Mas esse dever de agir segundo o rito era em seguida classificado como implicando um serviço e um encargo. Assim se explica em que espírito essas atividades deviam ser realizadas. Com a adoção da palavra "servir" no cânon, essa significação litúrgica do termo é, em certo sentido, adotada – conforme a novidade do culto cristão. Na celebração da Eucaristia, o que cabe ao sacerdote é servir a Deus e aos homens. O culto que o Cristo rendeu ao Pai foi um dom de si até o fim pelos homens. É nesse culto, nesse serviço, que o sacerdote deve se inscrever. Assim, a palavra "servir" comporta muitas dimensões. Claro, uma delas é, antes de tudo, a celebração digna da liturgia e dos sacramentos em geral, realizada com uma participação interior. Devemos aprender a compreender a sacra liturgia em toda sua essência, desenvolver uma viva familiaridade com ela, a fim de que ela se torne a alma de nossa vida cotidiana. Celebrando de maneira adequada, a *ars celebrandi*, a arte de celebrar, impõe-se por si mesma. Nessa arte, não deve haver nada de artificial. Se a liturgia é um dever central do sacerdote, isso significa igualmente que a oração deve ser uma realidade prioritária que é preciso aprender a cada dia de novo e sempre mais profundamente na escola do Cristo e de seus santos de todos os tempos. Na medida em que a liturgia cristã, por natureza, é sempre também anúncio, devemos ser pessoas que mantêm uma familiaridade com a Palavra de Deus, que a amem, e que vivam: é apenas desse modo que a poderemos explicá-la de maneira apropriada. "Servir ao Senhor" – o serviço sacerdotal significa precisamente também aprender a conhecer o Senhor em sua Palavra e fazê-la conhecer a todos que Ele nos confia.

"Enfim, há ainda dois outros aspectos das diversas dimensões do 'serviço'. Ninguém é mais próximo de seu senhor do que o servo que tem acesso à dimensão privada de sua vida. Nesse sentido, 'servir' significa proximidade, exige familiaridade. Essa familiaridade comporta igualmente um perigo: que o sagrado com o qual estamos em contato cotidiano torne-se um hábito. De tal modo, se enfraquece o temor reverencial. Condicionados pelos hábitos, não percebemos o fato mais novo, mais surpreendente, que Ele mesmo está presente, que nos fala, que se doa a nós. Contra esse acostumar-se com a realidade extraordinária, contra a indiferença do coração devemos lutar sem trégua, reconhecendo sempre nossa insuficiência e a graça que há no fato de que Ele se coloca em nossas mãos. Servir significa proximidade, mas isso significa sobretudo também obediência. O servo se coloca sob estas palavras: 'Que não seja feita minha vontade, mas a tua' (Lc 22,42). Com essas palavras no jardim das Oliveiras, Jesus venceu a batalha decisiva contra o pecado, contra a rebelião do coração que conheceu a queda. O pecado de Adão consistia justamente no fato de que ele queria realizar a própria vontade, e não a de Deus. A tentação da humanidade é sempre a de querer ser autônoma, de seguir unicamente sua própria vontade e de estimar que somente assim seremos livres; que é graças a uma semelhante liberdade sem limites que o ser humano será completamente humano. Mas, precisamente desse modo, iremos ao encontro da verdade. Na medida em que a verdade é que devemos partilhar nossa liberdade com os outros e que não podemos ser livres senão em comunhão com eles. Essa liberdade partilhada somente pode ser verdadeira liberdade se, por meio dela, entrarmos naquilo que constitui a medida mesma da liberdade, se penetrarmos na vontade de Deus. Essa obediência fundamental que faz parte da essência do homem, um ser que não é por si mesmo e unicamente para si mesmo, torna-se ainda mais concreta no sacerdote: não nos anunciamos a nós mesmos, mas anunciamos a Deus e a sua Palavra, que não poderíamos elaborar sozinhos. Fora da comunhão com a Igreja que é seu corpo, não podemos anunciar a Palavra do Cristo de maneira justa. Nossa obediência é uma maneira de crer com a Igreja, de pensar e de falar com a Igreja, de servir com ela. Isso recobre igualmente aquilo que Jesus predisse a Pedro: 'Serás levado para onde não queres'. Essa maneira de nos deixarmos levar para onde não queremos é uma dimensão essencial de nosso serviço, e é precisamente o que nos torna livres. Assim guiados, mesmo de maneira contrária a nossas ideias e a nossos projetos, fazemos a experiência de algo novo – a riqueza do amor de Deus".

"'Estar em vossa presença e vos servir': Jesus Cristo como verdadeiro Sumo Sacerdote do mundo conferiu a essas palavras uma profundidade até então inimaginável. Ele, que, como Filho de Deus era e é o Senhor, quis se tornar aquele servo de Deus que a visão do livro do profeta Isaias previu. Ele quis ser o servo de todos. Ele representou o conjunto de seu soberano sacerdote no gesto do lava-pés. Mediante o gesto de amor até o fim, Ele lava nossos pés sujos, com a humildade de seu serviço, Ele nos purifica da doença de nosso orgulho. De tal modo, Ele nos torna capazes de sermos comensais de Deus. Ele desceu, e a verdadeira ascensão do homem se realiza no presente em nossa descida com Ele e para Ele. Sua elevação é a Cruz. É a descida mais profunda e, como o amor vertido até o fim, ela ao mesmo tempo é o cume da ascensão, a verdadeira 'elevação' do homem. 'Estar diante Dele e servi-Lo' – isso significa no presente ouvir a seu chamado de servo de Deus. A Eucaristia como presença da descida e da ascensão do Cristo remete, de tal modo, sempre, além de si mesma, às múltiplas maneiras das quais dispomos para servir ao amor do próximo. Peçamos ao Senhor, neste dia, o dom de poder novamente pronunciar nesse sentido nosso 'sim' a seu chamado: 'Eis-me aqui. Enviai-me, Senhor' (Is 6,8). Amém"[11].

João 17,17: a oração sacerdotal de Jesus, interpretação da ordenação sacerdotal

Para terminar, gostaria de refletir ainda um instante sobre algumas palavras tomadas da oração sacerdotal de Jesus (Jo 17), que, na vigília de minha ordenação sacerdotal, imprimiram-se de modo particular em meu coração. Enquanto os sinóticos reportam essencialmente a pregação de Jesus na Galileia, João – que parece ter tido relações de parentesco com a aristocracia do Templo – relata principalmente o anúncio de Jesus em Jerusalém e evoca questões concernentes ao Templo e ao culto. Nesse contexto, a oração sacerdotal de Jesus adquire uma importância particular.

Não tenho a intenção de repetir aqui os diversos elementos que analisei no segundo volume de meu livro sobre Jesus[12]. Pretendo apenas limitar-me aos versículos 17 e 18, que me tocaram particularmente:

---

[11] Bento XVI. Le prêtre: un homme debout, droit, vigilant [Homélie de la messe chrismale du matin du jeudi Saint, 20 mars 2008, en la basilique de Sait-Pierre de Rome]. *Insegnamenti di Benedetto XVI*, v. IV, n. 1, p. 442-446, jan.-jul. 2008. LEV, 2009. Tradução francesa do *site* do Vaticano. (Há também tradução portuguesa da homilia da missa crismal na manhã da Quinta-feira Santa, 20 de março de 2008, na basílica de São Pedro em Roma - NdT).

[12] Joseph Ratzinger. *Jésus de Nazareth*. v. 2, *op. cit.*, p. 97-124.

Do profundo de nosso coração

"Consagrai-os [santificai-os] na verdade. Tua Palavra é verdade. Como me enviastes ao mundo, também eu os enviei ao mundo". A palavra "santo" exprime a natureza particular de Deus. Só Ele é santo. O homem se torna santo à medida que começa a estar com Deus. Estar com Deus é afastar aquilo que é somente o eu e se unir com a total vontade de Deus. Entretanto, essa libertação do eu pode se revelar muito dolorosa, e jamais se realiza de modo definitivo. Todavia, pelo termo "santificai", podemos também compreender de maneira muito concreta a ordenação sacerdotal, no sentido em que ela implica que o Deus vivo reivindica radicalmente um homem para o fazer entrar em seu serviço. Quando o texto diz: "Consagrai-os [santificai-os] na verdade", o Senhor ora ao Pai para incluir os Doze em sua missão, para ordená-los sacerdotes.

"Consagrai-os [santificai-os] na verdade". Aqui, parece também que se quer indicar discretamente o rito de ordenação sacerdotal no Antigo Testamento: o ordenando era fisicamente purificado por uma ablução completa antes de vestir as vestes sagradas. Esses dois elementos considerados em conjunto significam que, dessa maneira, o enviado se torna um homem novo. Mas o que é uma figura simbólica no ritual do Antigo Testamento, torna-se uma realidade na oração de Jesus. A única limpeza que pode realmente purificar os homens é a verdade, que é o próprio Cristo. E Ele é também a nova veste ao qual a túnica cultual externa faz alusão. "Consagrai-os [santificai-os] na verdade". Isso significa: imergi-os completamente em Jesus Cristo a fim de que se verifique para eles o que Paulo indicou como a experiência fundamental de seu apostolado: "Não sou eu que vivo, mas é Cristo que vive em mim" (Gl 2,20).

Na vigília de minha ordenação, imprimiu-se profundamente em minha alma o que significa o fato de ser ordenado sacerdote, além de todos os aspectos cerimoniais: isso significa que devemos sem cessar ser-

O sacerdócio católico

mos purificados e tomados pelo Cristo para que seja Ele que fale e aja em nós, e cada vez menos nós mesmos. Pareceu-me claro que esse processo que consiste em se tornar um com Ele e em renunciar àquilo que não pertence senão a nós dura toda a vida e inclui sem cessar libertações e renovações dolorosas.

Nesse sentido, as palavras de João 17,17 me indicaram o caminho que percorri ao longo de minha vida.

Bento XVI
Cidade do Vaticano, mosteiro Mater Ecclesiae,
17 de setembro de 2019.

II
Amar até o fim
Olhar eclesiológico e pastoral sobre o celibato sacerdotal

Cardeal Robert Sarah

"Sabendo que havia chegado a hora de passar deste mundo para o Pai, tendo amado os seus, amou-os até o fim" (Jo 13,1). Essas palavras do evangelista João introduzem com solenidade o grande "discurso sacerdotal" de Jesus após a Ceia da Quinta-feira Santa. Elas expressam bem as disposições de alma necessárias para qualquer reflexão sobre o ministério sacerdotal.

Como abordar o tema sem hesitar? Importa tomar seu tempo e abrir sua alma ao Espírito Santo. O sacerdócio, para retomar as palavras do cura d'Ars, é o amor do coração de Jesus. Não devemos transformá-lo em um tema polêmico, de combate ideológico nem de manobra política. Nem podemos reduzi-lo a uma questão de disciplina ou de organização pastoral.

Do profundo de nosso coração

Assistimos, nos últimos meses, em torno do Sínodo da Amazônia, muita precipitação, muita excitação. Meu coração episcopal se inquieta. Recebi numerosos padres desorientados, perturbados e tocados no mais profundo de sua vida espiritual pelas violentas colocações em causa da doutrina da Igreja. Quero dizer hoje: não tenhais medo! "O sacerdote", lembrava Bento XVI, "é um dom do Coração do Cristo: um dom para a Igreja e para o mundo. Do Coração do Filho de Deus, transbordando de caridade, jorram todos os bens da Igreja, e é disso de modo particular que tem sua origem a vocação desses homens que, conquistados pelo Senhor Jesus, deixam tudo para se consagrar inteiramente ao serviço do povo cristão, a exemplo do Bom Pastor"[1].

Caros irmãos sacerdotes, quero falar-vos sem fardo. Pareceis perdidos, desencorajados, tomados pelo sofrimento. Um sentimento terrível de abandono e de solidão invade vosso coração. Em um mundo minado pela crença e pela indiferença, é inevitável que o apóstolo sofra: o sacerdote ardente de fé e de amor apostólico toma logo consciência de que o mundo em que vive está como que invertido. Entretanto, o mistério que vos habita pode vos dar a força de viver em meio ao mundo. E, cada vez que o servo do "único necessário" se esforça para colocar Deus no coração de sua vida, traz um pouco de luz às trevas.

No sacerdócio, a continuação sacramental do amor do Bom Pastor está em jogo. Tomo, portanto, a palavra para que, em toda parte na Igreja, em um espírito de sinodalidade verdadeira, abra-se e renove-se uma reflexão apaziguada e orante sobre a realidade espiritual do sacramento da Ordem. Suplico a uns e outros: não tende pressa! Não é em alguns meses que poderemos mudar as coisas. Se nossas decisões não estiverem enraizadas na adoração prolongada, elas não terão outro futuro senão o dos *slogans* e dos discursos políticos que se sucedem e caem no esquecimento.

---
[1] Bento XVI, *Angelus* de 13 jun. 2010.

Amar até o fim

O Papa emérito Bento XVI nos fez uma extraordinária *lectio divina* em que ele remonta às fontes bíblicas do mistério do sacerdócio. Gostaria, de minha parte, de apresentar muito humildemente um olhar de pastor sobre esse sacramento.

Nossa reflexão pastoral não deve estar submetida apenas à atualidade ou ser reduzida a uma análise sociológica. É urgente nutri-la pela contemplação e estruturá-la pela teologia. Mas ela deve também ser concreta. Observei que, com frequência, nos contentamos em recordar os princípios teóricos sem deles retirar as consequências práticas. Assim, ao abordarmos a teologia do sacerdócio, não basta recordar o valor do celibato. É preciso ainda dela obter as consequências eclesiológicas e pastorais concretas.

Durante o Sínodo da Amazônia, tive tempo de ouvir as pessoas nativas e discutir com missionários experientes. Esses intercâmbios me confrontaram com a ideia de que a possibilidade de ordenar homens casados representaria uma catástrofe pastoral, uma confusão eclesiológica e um obscurecimento na compreensão do sacerdócio. É em torno desses três pontos que se articula a reflexão que desejo vos apresentar.

Uma catástrofe pastoral

O sacerdócio: um ingresso ontológico no "sim" do Cristo-sacerdote

Pode-se resumir a meditação do Papa emérito em algumas palavras: Jesus nos revela em sua pessoa a plenitude do sacerdócio. Ele confere seu sentido pleno àquilo que era anunciado e esboçado no Antigo Testamento. O coração dessa revelação é simples: o sacerdote não é apenas aquele que realiza uma função sacrifical. Ele é aquele que se oferece a si mesmo em sacrifício por amor no seguimento de Cristo. Bento XVI nos mostra clara e definitivamente que o sacerdócio é um "estado de vida": "O sacerdote

Do profundo de nosso coração

é subtraído dos vínculos do mundo e dado a Deus, e, assim, a partir de Deus, ele deve estar disponível para os outros, para todos"[2]. O celibato sacerdotal é a expressão da vontade de se colocar à disposição do Senhor e dos homens. O Papa Bento XVI demonstra que o celibato sacerdotal não é um "suplemento espiritual" bem-vindo na vida do padre. Uma vida sacerdotal coerente requer ontologicamente o celibato.

Bento XVI, no texto que precede essas linhas, mostra que a passagem do sacerdócio do Antigo Testamento ao sacerdócio do Novo Testamento se traduz pela passagem de uma "abstinência sexual funcional" a uma "abstinência ontológica". Creio que nunca um Papa exprimiu com tal força a necessidade do celibato sacerdotal. Devemos meditar sobre essas reflexões de um homem que se aproxima do fim de sua vida. Nesta hora crucial, não tomamos a palavra de modo leviano. Bento XVI nos diz ainda que o sacerdócio, porque implica a oferenda do sacrifício da missa, torna impossível um vínculo matrimonial. Gostaria de sublinhar este último ponto. Para o sacerdote, a celebração da Eucaristia não significa apenas cumprir esses ritos. A celebração da missa supõe o ingresso de todo seu ser no grande dom do Cristo ao Pai, no grande "sim" de Jesus a seu Pai: "Em tuas mãos entrego meu espírito" (Lc 23,46). Ora, o celibato "é um 'sim' definitivo: é deixar Deus nos tomar pela mão, oferecermo-nos nas mãos do Senhor, em nosso 'eu'. É precisamente o 'sim' definitivo"[3].

Se reduzirmos o celibato sacerdotal a uma questão de disciplina, de adaptação aos costumes e às culturas, isolamos o sacerdócio de seu fundamento. Nesse sentido, o celibato sacerdotal é necessário para a justa compreensão do sacerdócio. "O fato de se colocar à disposição do Senhor verdadeiramente na totalidade de seu ser, e, portanto, de estar totalmente à disposição dos homens, faz parte [do sacerdócio]. Penso que

---

[2] Bento XVI. Missa crismal, Quinta-feira Santa, 9 abr. 2009.
[3] Bento XVI. Vigília na Praça de São Pedro, diálogo com os padres em 10 jun. 2010.

o celibato é uma expressão fundamental dessa totalidade"[4], ousa afirmar Bento XVI ao clero da diocese de Bolzano.

Urgência pastoral e missionária do celibato sacerdotal

Como bispo, temo que o projeto de ordenar homens casados engendra uma catástrofe pastoral. Seria uma catástrofe para os fiéis aos quais os enviaríamos. Seria uma catástrofe para os próprios padres.

Como uma comunidade cristã poderia compreender o padre se ele não manifesta que ele é "subtraído da esfera do comum e dado a Deus"[5]? Como os cristãos poderiam compreender que o padre se doa a eles, se ele não está totalmente entregue ao Pai? Se não entra na *kenose*, no aniquilamento, no empobrecimento de Jesus? "Ele, sendo de condição divina, não considerou um privilégio ser igual a Deus, mas esvaziou-se, assumindo a forma de servo" (Fl 2,6-7). Ele se despojou daquilo que era, em um ato de liberdade e de amor. O rebaixamento do Cristo até a Cruz não é um simples comportamento de obediência e de humildade. É um ato de perda de si por amor no qual o filho se entrega inteiramente ao Pai e à humanidade: tal é o fundamento do sacerdócio do Cristo. Como, então, um padre poderia guardar, conservar e reivindicar um direito ao vínculo matrimonial? Como poderia recusar fazer-se servo com Jesus--sacerdote? Essa entrega total do ser no Cristo é a condição de um dom total de si a todos os homens. Aquele que não está totalmente entregue a Deus não se doou perfeitamente a seus irmãos.

Que visão terão do padre as populações isoladas ou pouco evangelizadas? Queremos impedi-los de descobrir a plenitude do sacerdócio cristão? No início do ano de 1976, então jovem sacerdote, fui para

---

[4] Bento XVI. Discurso ao clero da diocese de Bolzano-Bressanone, 6 ago. 2008.

[5] Bento XVI. Discurso ao clero da diocese de Bolzano-Bressanone, *op cit.*

Do profundo de nosso coração

certas vilas afastadas da República da Guiné. Algumas delas não haviam recebido a visita de um padre havia quase dez anos, pois os missionários europeus haviam sido expulsos em 1967 por Sékou Touré. Entretanto, os cristãos continuaram a ensinar o catecismo às crianças e a recitar as orações diárias e o rosário. Manifestavam uma grande devoção à Virgem Maria e se reuniam aos domingos para ouvir a Palavra de Deus.

Tive a graça de encontrar esses homens e essas mulheres que guardavam a fé sem qualquer apoio sacramental e com a falta de padres. Alimentavam-se da Palavra de Deus e mantinham a vitalidade da fé pela oração cotidiana. Jamais poderia esquecer sua inimaginável alegria quando celebrei a missa que não tinham havia muito tempo. Seja-me permitido afirmar com certeza e força: creio que se tivessem sido ordenados homens casados em cada vila, teria se extinto a fome eucarística dos fiéis. Teria se privado o povo dessa alegria de receber, no padre, um outro Cristo. Pois, com o instinto da fé, os pobres sabem que um padre que renunciou ao casamento lhes doa todo seu amor esponsal.

Por vezes, caminhando por longas horas entre as vilas, com uma maleta de missa na cabeça, com um sol escaldante, experimentei a alegria de me doar pela Igreja-Esposa. Atravessando os pântanos em uma canoa improvisada, em meio às lagunas, ou cortando torrentes perigosas nas quais temíamos ser tragados, senti até no meu corpo a alegria de estar totalmente doado a Deus e disponível, entregue a seu povo.

Como gostaria que todos os meus confrades do mundo pudessem ter, um dia, a experiência da acolhida de um padre em uma vila africana que nele reconhece o Cristo-Esposo: que explosão de alegria! Que festa! Os cantos, as danças, as efusões, a refeição expressando o reconhecimento do povo por esse dom de si no Cristo.

A ordenação de homens casados privaria as jovens igrejas, em processo de evangelização, dessa experiência da presença e da visita do Cristo entregue e doado na pessoa do padre celibatário. O drama pastoral seria imenso. Causaria um empobrecimento da evangelização.

Estou convencido de que, se muitos padres ou bispos ocidentais estão prontos a relativizar a grandeza e a importância do celibato, é porque jamais fizeram a experiência concreta do reconhecimento de uma comunidade cristã. Não falo simplesmente em termos humanos. Creio que há nesse reconhecimento uma experiência de fé. Os pobres e os simples sabem discernir com os olhos da fé a presença do Cristo-Esposo da Igreja no padre celibatário. Essa experiência espiritual é fundamental na vida de um sacerdote. Ela cura para sempre toda forma de clericalismo. Sei, por haver experimentado em minha carne, que os cristãos viam em mim o Cristo entregue por eles e não minha pessoa limitada com suas qualidades e seus numerosos defeitos.

Sem essa experiência concreta, o celibato torna-se um fardo muito pesado de se carregar. Tenho a impressão de que, para alguns bispos europeus ou da América do Sul, o celibato se tornou pesado. Permanecem fiéis a ele, mas não se sentem mais encorajados a impô-lo aos futuros sacerdotes e às comunidades cristãs, porque eles próprios sofrem. Compreendo. Quem poderia impor uma carga aos outros sem amar seu sentido profundo? Não seria uma forma de farisaísmo?

Contudo, estou convencido de que há aí um erro de perspectiva. O celibato sacerdotal bem compreendido, se, por vezes, é uma provação, é uma libertação. Permite ao padre se estabelecer de modo coerente em sua identidade de esposo da Igreja.

O projeto que consistiria em privar as comunidades e os padres dessa alegria não é obra de misericórdia. Não posso suportar conscientemente, como filho da África, a ideia de que os povos em processo de evangelização sejam privados desse encontro com um sacerdócio vivido plenamente. Os povos da Amazônia têm direito a uma plena experiência do Cristo-Esposo. Não lhes podemos propor padres de "segunda categoria".

Do profundo de nosso coração

Ao contrário, quanto mais uma Igreja for jovem, mais ela terá necessidade do encontro com a radicalidade do Evangelho. Quando são Paulo exorta as jovens comunidades cristãs de Éfeso, de Filipos e de Colossos, não lhes apresenta um ideia inacessível, mas lhes ensina todas as exigências do Evangelho: "Assim como acolhestes o Cristo Jesus, o Senhor, assim continuai caminhando com ele. Continuai enraizados Nele, edificados sobre Ele, firmes na fé tal qual vos foi ensinada, transbordando em ação de graças. Que ninguém vos faça prisioneiros de filosofias e conversas sem fundamento, conforme tradições humanas, segundo os elementos do mundo e não segundo Cristo" (Cl 2,6-8). Não há nesse ensinamento nem rigidez nem intolerância. A Palavra de Deus exige uma conversão radical. Ela não suporta comprometimentos e ambiguidades. Ela é "eficaz e mais incisiva do que uma espada de dois gumes" (Hb 4,12). A seu exemplo, devemos pregar com clareza e doçura, sem dureza polêmica nem flácida timidez.

Permitam-me fazer, ainda uma vez, referência à minha experiência pessoal. Vivi minha infância em um mundo que há pouco havia saído do paganismo. Meus pais conheceram o cristianismo já adultos. Meu pai foi batizado dois anos após meu nascimento. Minha avó foi batizada no momento de sua morte. Logo, conheci bem o animismo e a religião tradicional. Sei da dificuldade da evangelização, da separação dolorosa e das rupturas heroicas que os neófitos devem enfrentar em relação aos costumes, aos modos de vida e às tradições pagãs. Imagino o que teria sido a evangelização de minha vila se tivesse sido ordenado um homem casado. Que tristeza! Hoje, certamente eu não seria padre, pois foi a radicalidade da vida dos missionários que me atraiu.

Como ousaríamos privar os povos da alegria de tal encontro com o Cristo? Creio ser isso inquietante. A oposição entre "pastoral da visita" e "pastoral da presença" foi instrumentalizada e flexibilizada. A visita em uma comunidade por um padre missionário vindo de um país distante

Amar até o fim

exprime a solicitude da Igreja universal. Ela é a imagem do Verbo visitando a humanidade. A ordenação de um homem casado no seio da comunidade exprimiria o movimento inverso: como se cada comunidade fosse levada a encontrar em seu seio os meios da salvação.

Quando são Paulo, esse grande missionário, nos narra suas vicissitudes nas comunidades que ele havia fundado na Ásia Menor, ele nos dá o exemplo de um apóstolo visitador das comunidades cristãs para as reconfortar.

A misericórdia de Deus encarna-se na visita do Cristo. Recebemo-la com grande gratidão. Ela nos abre a toda a família eclesial. Temo que a ordenação de homens casados responsáveis por uma comunidade não feche essa comunidade sobre si mesma e a exclua da universalidade da Igreja. Como pedir a um homem casado para mudar de comunidade, levando sua esposa e seus filhos? Como ele poderia viver a liberdade do servo pronto a se doar a qualquer homem?

O sacerdócio é um dom que se recebe como é recebida a Encarnação do Verbo. Não é nem um direito nem uma obrigação. Uma comunidade que fosse formada na ideia de um "direito à Eucaristia" não seria mais discípula do Cristo. Como seu nome indica, a Eucaristia é ação de graças, dom gratuito, presente misericordioso. A presença eucarística se recebe com maravilhamento e alegria como um dom não merecido. O fiel que a reclama como algo devido mostra que não é capaz de compreendê-la.

Estou convencido de que as comunidades cristãs da Amazônia não participam de uma lógica da reivindicação eucarística. Creio antes que esses temas são obsessões cuja fonte se encontra nos meios teológicos universitários. Temos vínculos com ideologias desenvolvidas por alguns teólogos que quiseram utilizar a aflição dos povos pobres como um laboratório experimental para seus projetos de aprendizes de feiticeiros. Não posso deixá-los fazer isso em silêncio. Desejo tomar a defesa dos pobres, dos pequenos, desses povos "sem voz". Não os privemos da plenitude do sacerdócio. Não os privemos do verdadeiro sentido da Eucaristia. Não podemos "traficar a doutrina católica do sacerdócio e do celibato na esteia das necessidades sentidas ou supostas de algumas situações pastorais extremas", observa o cardeal Marc Ouellet. "Penso sobretudo que a Igreja latina ignora sua própria tradição do celibato, que remonta aos tempos apostólicos e que foi o segredo e o motor de sua forte expansão missionária"[6]. Trata-se de um dom capital. O celibato sacerdotal é um poderoso motor da evangelização. Ele torna o missionário credível. Mais radicalmente, ele o torna livre, pronto para ir a qualquer parte e a arriscar tudo porque nenhum vínculo o retém.

À luz da tradição da Igreja

Alguns pensarão que minha reflexão se desvia. Alguns me dirão que o celibato sacerdotal não é senão uma disciplina imposta tardiamente pela Igreja latina a seus clérigos.

Li tais asserções retomadas em vários jornais. A honestidade histórica obriga-me a afirmar que elas são falsas. Os historiadores sérios sabem que, desde o século IV, a necessidade da continência para os sacerdotes é recordada pelos concílios[7]. É preciso sermos precisos. Numerosos homens casados foram ordenados sacerdotes ao longo do primeiro milênio. Mas, a partir do momento de sua ordenação, eram convocados à abstinência de relações sexuais com suas esposas. Esse ponto é regularmente lembrado pelos concílios que se apoiam em uma tradição recebida dos apóstolos. É pensável que a Igreja tenha podido introduzir brutalmente essa disciplina da continência clerical sem suscitar um clamor naqueles a quem

---

[6] Cardeal Marc Ouellet. Entrevista com Jean-Marie Guénois. *Le Figaro*, 28 out. 2019.

[7] Pode-se ler a esse respeito o estudo histórico de Christian Cochini. *Les Origines apostoliques du célibat sacerdtal*. Prefácio do cardeal Castrillon Hoyos. Ad Solem, 2006; ver também: cardeal A. M. Stickler. *Der Klerikerzölibat, seine Entwicklungsgeschichte und seine theologischen Grundlagen*. Absensberg Kral, 1993; ou Stefan Heid, *op. cit.*

Amar até o fim

teria imposto? Tal novidade teria sido insuportável. Ora, os historiadores sublinham a ausência de protesto quando o Concílio de Elvira, no início do século IV, decidiu excluir do estado clerical os bispos, os padres e os diáconos suspeitos de manterem relações sexuais com suas esposas. O fato de que uma decisão tão exigente não tenha suscitado oposição prova que a lei da continência dos clérigos não era uma novidade. A Igreja, havia a pouco, saía do período das perseguições. Um de seus primeiros cuidados foi recordar uma regra que talvez tivesse sofrido distorções na tormenta da era dos mártires, mas que já estava bem estabelecida.

Alguns demonstram uma terrível desonestidade intelectual. Dizem: houve padres casados. É verdade. Mas eles deviam guardar a continência perfeita. Queremos voltar a esse estado de coisas? O respeito que temos pelo sacramento do matrimônio e a melhor compreensão que dele temos desde o concílio nos impedem.

O sacerdócio é uma resposta a uma vocação pessoal. Ele é fruto de um chamado íntimo de Deus cujo arquétipo é o chamado de Deus a Samuel (1Sm 3). Ninguém se torna padre porque é necessário preencher uma necessidade da comunidade e porque é preciso que alguém ocupe esse "posto". O sacerdócio é um estado de vida. Ele é o fruto de um diálogo íntimo entre Deus que chama e a alma que responde: "Eis-me aqui [...] para fazer [...] tua vontade" (Hb 10,7). Nada pode se imiscuir nesse coração a coração. Somente a Igreja pode autenticar essa resposta. Interrogo-me: Que seria da esposa de um homem que fosse ordenado sacerdote? Que lugar haveria para ela? Há uma vocação para ser esposa de sacerdote? O sacerdócio, como vimos, supõe entregar sua vida, entregar-se ao seguimento do Cristo. Supõe um dom absoluto de si a Deus e um dom total de si aos irmãos. Que lugar reservar então ao vínculo conjugal? O Concílio Vaticano II valorizou a dignidade do sacramento do matrimônio como via própria de santidade pela vida conjugal. Esse estado de vida supõe, entretanto, que os esposos coloquem o vínculo que os une acima de qualquer outro. Ordenar sacerdote um homem casado diminuiria a dignidade do matrimônio e reduziria o sacerdócio a uma função.

Que dizer da liberdade à qual podem legitimamente aspirar os filhos do casal? Devem eles também abraçar a vocação do pai? Como lhes impor um modo de vida que não escolheram? Eles têm o direito de gozar de todos recursos necessários para seu crescimento. Devemos remunerar os padres casados de modo condizente?

Pode-se argumentar que o Oriente cristão conhece desde sempre essa situação e que isso não coloca problemas. Isso é falso. O Oriente cristão admitiu tardiamente que os homens casados que se tornaram sacerdotes pudessem ter relações sexuais com suas esposas. Essa disciplina foi introduzida pelo Concílio *in Trullo*, em 691. A novidade apareceu após um erro na transcrição dos cânones do concílio que ocorreu no ano de 390 em Cartago. A grande inovação desse concílio do século VII não foi a desaparição da continência sacerdotal, mas sua limitação aos períodos que precedem a celebração dos santos Mistérios. O vínculo ontológico entre ministério sacerdotal e continência é ainda estabelecido e observado. Queremos voltar a essa prática? É preciso ouvirmos os testemunhos que emanam das Igrejas católicas orientais. Muitos membros dessas Igrejas sublinharam claramente que o estado sacerdotal entra em tensão com o estado conjugal. Ao longo dos séculos passados, a situação pôde perdurar graças à existência de "famílias de padres" em que os filhos eram educados a "participar" da vocação do pai de família e em que, com frequência, as filhas desposavam um futuro padre. Uma melhor apreensão da dignidade e da liberdade de cada um torna então impossível essa maneira de agir[8]. O clérigo oriental casado está em crise.

---

[8] Há alguns anos, o presidente de uma associação sacerdotal ortodoxa observava que a parte dos clérigos casados estava em baixa constante na Grécia (3 mil entre 11 mil homens ao todo). Ele identificava sua causa: cada vez menos mulheres emancipadas aceitam levar a vida exigente de esposa de clérigo. Disponível em: http://www.zenith.org/english/archive/0002/ZE000228

O divórcio dos padres se tornou um lugar de tensão ecumênica entre os patriarcas ortodoxos.

Nas Igrejas orientais separadas, apenas a presença preponderante dos monges torna suportável ao povo de Deus a frequentação de um clérigo casado. Muitos são os fiéis que jamais se confessariam com um padre casado. O *sensus fidei* faz os crentes discernirem uma forma de incompletude no clérigo que não vive o celibato consagrado.

Por que a Igreja católica admite a presença de um clero casado em certas Igrejas orientais unidas? À luz das afirmações do magistério recente sobre o vínculo ontológico entre sacerdócio e celibato, penso que essa aceitação tem por finalidade favorecer uma evolução progressiva para a prática do celibato que se daria não por via disciplinar, mas por razões propriamente espirituais e pastorais[9].

A confusão eclesiológica
À luz do Concílio Vaticano II

Em seu discurso de abertura da segunda sessão do concílio, são Paulo VI pedia aos padres conciliares para empreenderem uma reflexão teológica sobre os três estados de vida constitutivos da comunhão eclesial: o estado de vida sacerdotal, o estado de vida conjugal e o estado da vida religiosa. Paulo VI queria, desse modo, favorecer "uma tomada de consciência mais profunda pela Igreja daquilo que ela é". Esse programa foi operado pelo Papa João Paulo II com os três sínodos pós-conciliares consagrados aos estados de vida.

Concernente ao sacerdócio, o sínodo permitiu a elaboração, em 1992, da exortação apostólica *Pastores dabo vobis*. São João Paulo II ensina com força que o celibato sacerdotal se depreende daquilo que o concílio

---

[9] Cf. Frost. Le célibat sacerdotal, signe d'espérance pour tout le christianisme. In: *Le célibat sacerdotal, fondements, joies, défis*. Actes du colloque d'Ars. Parole et Silence, 2011. p. 180-181.

designou como a essência do caráter e da graça próprios do sacramento da Ordem: a habilitação para representar o Cristo-Cabeça para o Corpo que é a Igreja-Esposa. "A vontade da Igreja encontra sua última motivação no vínculo do celibato com a ordenação sagrada, que configura o sacerdote ao Cristo-Cabeça e Esposo da Igreja. A Igreja, como Esposa de Jesus Cristo, quer ser animada pelo sacerdote de maneira total e exclusiva com a qual Jesus Cristo Cabeça e Esposo a animou"[10]. Essa afirmação de são João Paulo II é capital. Ela faz do celibato uma necessidade da Igreja. A Igreja tem necessidade de homens que a amem com o mesmo amor do Cristo-Esposo.

Sem a presença do padre celibatário, a igreja não pode mais tomar consciência de que ela é Esposa do Cristo. O celibato sacerdotal, longe de se reduzir a uma disciplina ascética, é necessário à identidade da Igreja. Pode-se afirmar que a Igreja não se compreenderia mais a si mesma se não fosse mais animada pelos padres celibatários que representam sacramentalmente o Cristo-Esposo.

Sacramento da Ordem e sacramento do Matrimônio

Esta compreensão renovada do celibato é o fruto do Concílio Vaticano II, que permitiu redescobrir o tema patrístico do desígnio divino. Desde a origem, a intenção do Criador é manter com sua criatura um diálogo nupcial. Essa vocação está inscrita no coração do homem e da mulher. Pelo sacramento do matrimônio, o amor mútuo dos esposos em todas as suas dimensões corporais, psicológicas e espirituais é integrado ao amor do Cristo pela humanidade.

Amando-se, os esposos participam do mistério do amor do Cristo. Eles entram nas núpcias cujo leito nupcial é a Cruz. "Maridos, amai vossas esposas assim como Cristo também amou a Igreja e se entregou por ela. [...] *Por isso, o homem deixará seu pai e sua mãe e se unirá à sua mulher,*

---

[10] João Paulo II. Exortação apostólica *Pastores dabo vobis*, n. 29.

e os dois serão uma só carne. Este mistério é grande – eu digo isto com referência a Cristo e à Igreja" (Ef 5,25.31-32). Essa vocação esponsal, inscrita no coração de todo ser humano, comporta um apelo ao dom total e exclusivo, tal como o próprio dom da Cruz. O celibato é para o padre o meio de entrar em uma autêntica vocação de esposo[11]. Seu dom à Igreja é assumido e integrado no dom do Cristo-Esposo à Igreja-Esposa[12]. Há uma verdadeira analogia entre o sacramento do Matrimônio e o da Ordem, que culminam ambos em um dom total. Eis porque esses dois sacramentos são exclusivos um do outro. "O Dom que o Cristo faz de si mesmo adquire o sentido original do dom próprio do esposo a sua esposa [...]. Jesus é o Esposo verdadeiro que oferece o vinho da salvação à Igreja. A Igreja [...] é também a Esposa que surge como uma nova Eva do lado aberto do Redentor na Cruz. Por isso o Cristo está diante da Igreja, a alimenta e dela cuida pelo dom de sua vida por ela. O sacerdote é chamado a ser a imagem viva de Jesus Cristo, Esposo da Igreja. [...] Em virtude de sua configuração ao Cristo Cabeça e Pastor, ele se encontra em situação esponsal, que o coloca diante da comunidade"[13].

A capacidade do amor esponsal do sacerdote está inteiramente dada e reservada à Igreja. A lógica do sacerdócio exclui qualquer "outra esposa" além da Igreja[14]. A capacidade do amor do sacerdote deve ser

---

[11] "Na virgindade e no celibato, a castidade mantém sua significação fundamental, isto é, a de uma sexualidade humana vivida como autêntica manifestação e precioso serviço do amor de comunhão e de doação interpessoal. Essa significação subsiste plenamente na virgindade que, mesmo em uma renúncia ao casamento, realiza a 'significação esponsal' do corpo, mediante uma comunhão e uma doação pessoal a Jesus Cristo e à sua Igreja" (João Paulo II. *Pastores dabo vobis*, n. 29).

[12] Pode-se consultar a esse respeito o estudo muito estimulante de Frédéric Dumas. *Prêtre et époux? Lettre ouverte à mon frère prêtre.* Mame, 2018.

[13] João Paulo II. *Pastores dabo vobis*, n. 22.

[14] Marianne Schlosser, em sua bela intervenção no *Simposio sulle "Sfide attuali per l'ordine sacro"*, organizado pelos *Ratzinger Schülerkreise* em Roma, em 28 de setembro de 2019, cita um autor siríaco do século VIII: "O sacerdote é o pai de todos os crentes, tanto dos homens quanto das mulheres. Assim, se ele está nesta situação perante os fiéis e se ele se casa, ele é comparável a um homem que desposa sua própria filha".

esgotada pela Igreja. "Por isso", continua são João Paulo II, "ele é chamado, em sua vida espiritual, a reviver o amor do Cristo Esposo para com a Igreja Esposa. Sua vida deve ser iluminada por esse caráter esponsal do Cristo. Assim, será ele capaz de amar as pessoas com um amor novo, grande e puro, com um autêntico desapego de si mesmo, em um dom total de si, contínuo e fiel. E ele então experimentará uma alegria divina (cf. 2Cor 11,2) com uma ternura que contém até mesmo nuances de afeição materna, capaz de suportar as 'dores do parto' até que o 'Cristo seja formado' nos fiéis"[15].

Uma Igreja que não fizesse a experiência de ser amada pelos sacerdotes celibatários acabaria por não mais compreender o sentido nupcial de qualquer santidade. De fato, o celibato sacerdotal e o matrimônio são paralelos. Se um é posto em causa, o outro vacila. Os sacerdotes indicam aos esposos o sentido de um dom total. Os esposos, por sua vida conjugal, indicam aos sacerdotes o sentido de seu celibato. O questionamento do celibato afeta também o sentido do matrimônio. Bento XVI o havia pressentido. Voltou a isso muitas vezes: "O celibato é um 'sim' definitivo. É um ato de fidelidade e de confiança, um ato que supõe também a fidelidade do matrimônio [...]. É precisamente o 'sim' definitivo que supõe o 'sim' definitivo do casamento"[16]. Tocar no celibato sacerdotal acaba por ferir o sentido cristão do casamento. Para compreender esse mistério, prossegue o cardeal Ratzinger, "o candidato ao sacerdócio deve reconhecer que a fé é a força de sua vida e deve saber que ele não poderá assumir esse modo de vida senão na fé. Então o celibato pode também se tornar um testemunho, dizer novamente algo aos homens e lhes dar a coragem de se casarem. Se uma das duas fidelidades não é mais possível, a outra não está mais lá; uma das fidelidades leva à outra. [...] No fundo, a questão apresenta-se assim: O homem tem possibilidade

---

[15] João Paulo II. *Pastores dabo vobis*, n. 22.
[16] Bento XVI. Vigília na Praça de São Pedro, diálogo com os padres, 10 jun. 2010.

de fixar definitivamente o domínio central de sua existência? Pode, decidindo por sua maneira de viver, assumir um vínculo definitivo? A isto eu responderia duas coisas: não pode se não estiver real e solidamente ancorado na fé; e, em segundo lugar, é somente assim que ele chega à plenitude do amor humano e da maturidade humana"[17]. Nos países em processo de evangelização, a descoberta da vocação dos esposos à santidade é sempre um desafio. Ocorre que o sentido do matrimônio pode ser deformado, que a dignidade da mulher seja abafada. Creio que há aí um grave problema. Para remediá-lo, deve-se ensinar a todos a necessidade de viver o matrimônio como um dom total de si. Mas como um padre poderia ser credível para os esposos se ele mesmo não vive o sacerdócio como um dom absoluto de si?

Sacramento da Ordem e lugar da mulher

O edifício eclesial em seu conjunto é abalado pelo enfraquecimento do celibato. Sem dúvida, os debates sobre o celibato engendram naturalmente questões sobre a possibilidade para as mulheres de ser ordenadas sacerdote ou diácono. Essa questão, entretanto, foi definitivamente regrada por são João Paulo II em sua carta apostólica *Ordinatio sacerdotalis*, de 22 de maio de 1994, na qual ele proclama que "a Igreja não tem de nenhuma maneira o poder de conferir a ordenação sacerdotal a mulheres, e essa posição deve ser definitivamente aceita por todos os fiéis da Igreja". Sua contestação revela um desconhecimento da verdadeira natureza da Igreja.

De fato, a economia da salvação integra o desígnio de complementaridade entre o homem e a mulher na relação esponsal entre Jesus e sua Igreja-Esposa. O padre, por sua representação do Cristo-Esposo à qual está plenamente integrada sua sexuação masculina, encontra-se também

---

[17] Joseph Ratzinger. *Le sel de la terre*. Flammarion/Cerf, 2005. p. 192-193. [trad.: O sal da terra. São Paulo, Imago, 1997 - NdT].

Do profundo de nosso coração

em uma relação de complementaridade com a mulher que representa de modo icônico a Esposa-Igreja. Promover a ordenação das mulheres acaba por lhes negar sua identidade e o lugar de cada um.

Temos necessidade do gênio próprio das mulheres. Devemos aprender com elas o que deve ser a Igreja. Pois há no coração de cada mulher, como afirmava João Paulo II, uma disposição fundamental ao acolhimento do amor[18]. Ora, a Igreja é essencialmente acolhida do amor virginal de Jesus. Ela é resposta pela fé ao amor do Esposo. Ouso afirmar que a Igreja é fundamentalmente feminina; ela não pode existir sem as mulheres.

"No que diz respeito à Igreja, o sinal da mulher é mais que nunca central e fecundo. Isso provém da identidade mesma da Igreja, identidade que esta última recebe de Deus e que ela acolhe na fé. É essa identidade 'mística', profunda, essencial, que é preciso guardar no espírito quando se reflete nos respectivos papéis da mulher e do homem na Igreja. [...] Bem longe de dar à Igreja uma identidade fundada em um modelo contingente de feminilidade, a referência a Maria, com uma disponibilidade para a escuta, a acolhida, a humildade, a fidelidade, ao louvor e a espera, situa a Igreja na continuidade da história espiritual de Israel. [...] Quando se trata de atitudes que deveriam caber a todo batizado, cabe de maneira característica à mulher vivê-las com uma particular intensidade e com naturalidade. Assim, as mulheres têm um papel da maior importância na vida da Igreja, recordando essas atitudes a todos os batizados e contribuindo de maneira única para manifestar a verdadeira face da Igreja, Esposa do Cristo e mãe dos crentes. [...] Para todos os cristãos, as mulheres são chamadas a ser modelos e testemunhos insubstituíveis da maneira pela qual a Esposa responde pelo amor ao amor de seu Esposo"[19].

---

[18] Cf. João Paulo II. *Mulieris dignitatem*, n. 29.
[19] Congregação para a Doutrina da Fé. *Carta aos Bispos da Igreja católica sobre a colaboração do homem e da mulher na Igreja e no mundo*, 31 jul. 2004.

Amar até o fim

O governo da Igreja é um serviço do amor do esposo pela esposa. Não pode, portanto, ser assumido senão por homens identificados ao Cristo-Esposo e servo pelo caráter sacerdotal. Se disso fazemos um motivo de rivalidade entre homens e mulheres, o reduzimos a uma forma de poder político e mundano. Ele perde então sua especificidade que é ser uma participação na ação do Cristo.

Em nossos dias, campanhas midiáticas sabiamente orquestradas reivindicam o diaconato feminino. O que se pretende? O que se esconde por trás dessas estranhas reivindicações políticas?

A lógica mundana da paridade está em ação. Excita-se uma forma de ciúme mútuo entre homens e mulheres que só pode ser estéril.

Creio que devemos aprofundar a reflexão sobre o lugar do carisma feminino. Outrora, a palavra era mais livre que hoje, e a palavra das mulheres, em particular, tinha um lugar central. Seu papel era lembrar firmemente a qualquer instituição a necessidade da santidade. É bom rememorar, a título de exemplo, a admoestação de Catarina de Sena a Gregório XI, em que ela lhe recorda sua identificação com Cristo, Esposo da Igreja: "Na medida em que a carga que vos incumbe é pesada, tendes necessidade de um coração tanto mais firme e viril e que não tema o que pode ocorrer. Pois bem sabeis, santíssimo Pai, que tomando por esposa a santa Igreja, vos engajais em sofrer por ela"[20]. Que bispo, que Papa se deixaria hoje interpelar com tal veemência? Hoje, vozes ávidas de polêmicas qualificariam imediatamente Catarina de Sena de inimiga do Papa ou de primeira da fila dos opositores. Os séculos passados tinham uma liberdade maior que o nosso: viram mulheres ocuparem um lugar carismático. Seu papel era recordar com firmeza a toda a instituição a necessidade da santidade.

"A Igreja tem uma grande dívida de reconhecimento para com as mulheres. [...] No nível carismático, as mulheres fazem muito, ousaria

---

[20] Santa Catarina de Sena. Carta 252 [11], *Ao Papa Gregório XI*.

dizer, para o governo da Igreja, começando pelas religiosas, pelas irmãs dos grandes Padres da Igreja, até os grandes nomes da Idade Média – santa Hildegarda, santa Catarina de Sena, depois santa Teresa d'Ávila – até Madre Teresa de Calcutá. Diria que esse setor carismático se distingue certamente do setor ministerial no sentido estrito do termo, mas se trata de uma participação verdadeira e profunda no governo da Igreja. Como poderíamos imaginar o governo da Igreja sem essa contribuição, que se torna por vezes muito visível, como quando santa Hildegarda e santa Catarina de Sena lançam admoestações e obtêm retorno dos Papas em Roma? Trata-se sempre de um fator determinante sem o qual a Igreja não pode viver"[21].

A valorização da especificidade feminina não se encontra ao lado dos "ministérios" femininos que não seriam senão criações arbitrárias e artificiais sem futuro. Sabe-se pelo exemplo que as mulheres que chamamos "diaconisas" não eram participantes do sacramento da Ordem. As fontes antigas são unânimes na interdição às diaconisas qualquer ministério do altar durante a liturgia. Sua única função litúrgica teria sido realizar a unção pré-batismal em todo o corpo das mulheres na área geográfica siríaca. De fato, antes do batismo propriamente dito, logo após a renúncia a Satanás, o neófito era ungido com óleo exorcizado, o que hoje chamamos de "óleo dos catecúmenos". Podemos supor que ungia ao menos o peito e os ombros. Para as mulheres, isso, portanto, colocava um delicado problema de pudor. Assim, em certos lugares, diaconisas teriam sido encarregadas dessa parte da cerimônia[22].

---

[21] Bento XVI. Ao clero de Roma, 2 mar. 2006.

[22] Cf. A. G. Martimort. *Les Diaconesses. Essai historique.* CLV, 1982. p. 247-254. A menção mais antiga de suas funções encontra-se nas *Didascalias dos Apóstolos*, que datam do século III e provavelmente refletem os usos da Síria e da Transjordânia. Nessa coletânea, é aconselhado ao bispo que designe uma mulher para o serviço dos catecúmenos femininos: "Quando as mulheres descem à água, elas devem ser ungidas por uma diaconisa com o óleo da unção. [...] Onde há uma mulher e especialmente uma diaconisa, não é conveniente que as mulheres catecúmenas sejam vistas por um homem, de modo que, após a imposição das mãos, seja-lhes ungida apenas a cabeça. [...] Todavia, que seja um homem que pronuncie sobre elas na água a invocação do Nome divino" (*Didascalia Apostolorum*, 16; Ed. A. Voöbus, CSCO 408. p. 156).

Amar até o fim

É esclarecedor debruçar-se sobre o que a história e o passado nos legaram. O cardeal John Henry Newman sublinhava com eloquência: "A história do passado termina no presente; e o presente é o teatro de nossa prova; e para nos comportarmos de modo justo e religioso em relação aos diversos eventos, é preciso compreendê-los; e, para compreendê-los, é preciso recorrer àqueles eventos passados que conduziram até eles. Assim, o presente é um texto e o passado é sua interpretação"[23]. Ora, é claramente estabelecido que as diaconisas não eram ordenadas, nem mesmo consagradas, mas apenas abençoadas, como especifica expressamente o pontifical caldaico[24]. Nada na Tradição justifica hoje a proposta de se ordenar "diaconisas". Esse desejo é o fruto de uma mentalidade provinda de um falso feminismo, negador da identidade profunda das mulheres. Essa tentação que visa clericalizar as mulheres é o último avatar de um clericalismo cujo ressurgimento o Papa Francisco justamente denunciou. As mulheres não seriam respeitáveis a não ser que fossem clérigos? Na Igreja, o estado clerical seria o único meio de existir e ter um lugar? Devemos dar às mulheres todo seu lugar de mulheres, e não lhes conceder um pouco do lugar dos homens! Essa seria uma ilusão trágica. Ela voltaria a esquecer o necessário equilíbrio eclesial entre carisma e instituição.

O questionamento do celibato sacerdotal é resolutamente fonte de confusão quanto ao papel de cada um na Igreja: homens, mulheres, esposos, padre.

---

[23] John Henry Newman. Reformation of the XIth Century. In: *Essays*. Critical and historical. 10. ed. v. II., 1890. p. 250.

[24] Cf. J. M. Voste. *Pontificale Syrorum orientalium, id est Chaldeorum Versio latina*, Typis polyglottis Vaticanis, 1937-1938. p. 82-83. Encontram-se precisões muito claras nas Resoluções canônicas de Jacques d'Édesse no século VII: "A diaconisa não tem qualquer poder sobre o altar porque, ao ser instituída, não o é em nome do altar, mas se mantém na igreja. Eis seu único poder: varrer o santuário e acender a lâmpada, e essas duas coisas apenas se não houver diácono ou sacerdote nas proximidades. [...] Ela não deve tocar o altar. Ela unge as mulheres adultas quando são batizadas, visita e cuida das mulheres doentes. Eis o único poder das diaconisas". (*Synodicon siríaco*, Ed. A. Voöbus, CSCO 368. p. 242).

Do profundo de nosso coração

Sacramento da Ordem e Batismo

Os recentes debates do Sínodo da Amazônia atualizaram uma nova confusão em torno do sentido do batismo e da confirmação.

Estive presente na integralidade dos debates na sala dos sínodos. Ouvi uns e outros sublinharem a necessidade da passagem de uma pastoral da visita para uma pastoral da presença e reclamar em consequência a ordenação ao presbiterato de diáconos permanentes casados. Foi sublinhado que as comunidades protestantes evangélicas conseguem realizar essa pastoral da presença – ainda que, sublinhamos anteriormente, suas comunidades eclesiais recusem o sacerdócio.

As comunidades cristãs amazônicas têm uma necessidade urgente de um "diaconato da fé". Quando ouvi essas palavras pronunciadas por um padre sinodal, recordei-me de meus anos de jovem bispo em uma diocese em que os padres eram pouco numerosos. Havia, então, considerado que o essencial de meu trabalho missionário devia se voltar para o reforço e a formação de catequistas. Eles eram verdadeiros construtores de nossas paróquias. Recordo-me da enorme gratidão que experimentei vendo-os caminhar longas horas para ir de vila em vila, e trabalhar com abnegação para transmitir a fé. Creio que negligenciamos todas as virtualidades de dinamismo contidas nos sacramentos do batismo e da confirmação. Um cristão batizado e crismado deve se tornar, segundo a palavra do Papa Francisco, um "discípulo missionário". É aos batizados que cabe primordialmente assumir essa presença da fé. Por que querer clericalizá-los a qualquer preço? Não confiamos na graça da confirmação que nos faz testemunhos de Cristo? Seria preciso reservar o testemunho e o anúncio de Jesus somente aos clérigos? Ainda neste ponto vemos uma confusão eclesiológica. O Vaticano II nos convidou a reconhecer o papel dos leigos na missão da Igreja: "Os leigos possuem, por sua própria união com o Cristo-Pastor, o dever e o direito de serem apóstolos.

Amar até o fim

Inseridos pelo batismo no corpo místico de Cristo, fortificados graças à confirmação pelo poder do Espírito Santo, é o próprio Senhor que os envia ao apostolado"[25].

Se limitamos a presença da Igreja a uma presença clerical, perdemos o aporte essencial da eclesiologia conciliar. Onde um batizado está presente, a Igreja está viva. Onde um batizado ressoa o Evangelho, o Cristo o anuncia nele. Teremos a coragem de sair de nossa mentalidade clerical? A história das missões nos convida a isto. Gostaria de ter tempo de vê-lo.

A Igreja do Japão, fundada por são Francisco Xavier em 1549, foi logo perseguida. Os missionários foram martirizados e expulsos. Os cristãos viveram dois séculos sem presença sacerdotal. Entretanto, continuaram a transmitir a fé e o batismo. Nessas comunidades cristãs os batizados partilhavam os serviços de líder da comunidade e de catequista. O batismo havia dado todos os seus frutos de dinamismo e de apostolado.

Cada geração dos cristãos do Japão ensinou os três sinais pelos quais eles reconheceriam o retorno dos padres entre si: "Serão celibatários, haverá uma imagem de Maria, obedecerão ao Papa de Roma"[26]. De modo intuitivo, os crentes identificaram o celibato sacerdotal como uma "nota" que revela a natureza do sacerdócio e da Igreja.

Na Coreia, para tomar outro exemplo, a Igreja nasceu da evangelização feita por leigos batizados, dentre os quais Paulo Chong Hasang e Francesco Choi Kyung Hawan. Em Uganda, os mártires Carlos Lwanga, Andrew Kaggwa, Denis Ssebuggwaawo, Pontiano Ngondwe, John Kizito e seus companheiros eram todos jovens cristãos que haviam crescido sem padre, mas estavam fortemente ligados ao Cristo, a ponto de consentir doar a própria vida.

---

[25] Vaticano II. *Apostolicam actuositatem*, decreto sobre o apostolado dos leigos, n. 3.
[26] Cf. Shinzo Kawamura. *Pope Pius IX and Japan*. The History of an Oriental Miracle. Pontifícia Universidade Gregoriana, Simpósio no 75º aniversário das Relações Diplomáticas entre o Japão e a Santa Sé, Roma, 2017.

Do profundo de nosso coração

Gostaria de citar ainda o belíssimo testemunho de um padre presente no Sínodo da Amazônia, missionário durante 25 anos em Angola: "No final da guerra civil, em 2002, pude visitar comunidades cristãs que havia 30 anos não tinham recebido a Eucaristia nem tido padres, mas que permaneceram firmes na fé. Tratava-se de comunidades dinâmicas, guiadas pelo catequista, um ministério fundamental na África, e por outros ministros: evangelizadores, animadores da oração, uma pastoral com as mulheres, um serviço aos mais pobres"[27].

Esses diferentes exemplos sublinham que o celibato sacerdotal e o dinamismo batismal se conformam mutuamente. A ordenação de homens casados daria um claro sinal de clericalização do laicato. Ela produziria um enfraquecimento do zelo missionário dos fiéis leigos dando-lhes a crer que a missão estaria reservada aos clérigos.

De um ponto de vista eclesiológico, a ordenação de homens casados produziria, portanto, uma verdadeira confusão dos estados de vida. Ela obscureceria o sentido do casamento e enfraqueceria o apostolado dos batizados. Ela impediria a Igreja de se compreender a si mesma como a Esposa bem-amada do Cristo e geraria uma confusão acerca do lugar verdadeiro das mulheres em seu seio.

Ouso imaginar os graves danos que a unidade da Igreja universal sofreria se coubesse a cada conferência episcopal abrir tal possibilidade em seu território.

Um quadro eclesiológico maior

Essas confusões revelam um erro eclesiológico profundo. Hoje, temos a tentação de raciocinar de maneira puramente funcional. De fato, a falta de padres em certas regiões é real. Seria preciso para tanto trazer

---

[27] Esse testemunho foi publicado no *site* do Instituto pontifício para as missões estrangeiras (PIME), *Asia News*, 10 e 11 out. 2019.

uma resposta cujo único critério seria a eficácia humana? Olhamos a Igreja como uma instituição sociológica ou como o corpo místico de Cristo vivificado pelos carismas, os dons gratuitos oferecidos pelo Espírito Santo?

O cardeal Ratzinger, em uma reflexão de grande profundidade, perguntava: "Quais são, de fato, na Igreja os elementos institucionais básicos que caracterizam o ordenamento permanente de sua vida? Trata-se do ministério sacramental tomado em seus diferentes escalões, episcopal, presbiteral e diaconal: o sacramento, que de modo significativo tem o nome de Ordem, é finalmente a única estrutura permanente e obrigatória que, por assim dizer, forma a ordenação sólida da Igreja e a constitui como 'instituição'. Foi apenas em nosso século que se introduziu, por razões de conveniência essencialmente de ordem ecumênica, o hábito de designar o sacramento da Ordem simplesmente pelo termo 'ministério', termo que se situa totalmente do ponto de vista da instituição, que aparece como relevante do ponto de vista institucional. Mas esse 'ministério' é um 'sacramento', portanto, a compreensão sociológica ordinária da instituição é claramente a invalidade. O fato de que o único elemento estruturante permanente da Igreja seja um sacramento significa ao mesmo tempo que ele deve ser sempre criado novamente por Deus. A Igreja não dispõe dele por si mesma: ele não está simplesmente à sua disposição para que ela organize como bem lhe parece. O sacramento da Ordem não se realiza senão de modo secundário por um chamado da Igreja, e primordialmente pelo chamado de Deus a um homem, portanto, em um plano que é antes de tudo carismático-pneumatológico. Disso resulta que ele pode sempre ser novamente acolhido e vivido a partir da novidade do apelo do Espírito. Porque ele é desse modo, porque a Igreja não pode simplesmente instituir por si mesma 'funcionários', mas, ao contrário, porque ela não pode contar senão com o chamado de Deus, então sim, e somente com essa condição, pode haver uma falta de padres. É desde o início que esse ministério não depende da instituição, mas da oração que devemos dirigir a Deus. É desde o início que considera a palavra de Jesus: 'A messe é grande, mas os operários são poucos. Pedi ao senhor da messe para que envie operários para a messe' (Mt 9,37). Disso compreende-se também que o chamado dos Doze foi o fruto de uma noite de oração de Jesus" (Lc 6,12 ss.).

"A Igreja latina sublinha de modo expresso esse caráter carismático do serviço presbiteral vinculando, segundo a mais antiga tradição eclesial, o sacerdócio ao celibato, que não podia jamais ser compreendido como uma qualidade inerente ao ministério, mas antes como um carisma pessoal. Se separamos o celibato do sacerdócio, não mais visaremos o caráter carismático do sacerdócio. Nele não veremos mais que uma função que a própria instituição prevê para sua segurança e suas necessidades. Se quisermos visar o sacerdócio desse ângulo, o de uma administração, com a segurança institucional que ela supõe, então o engajamento de ordem carismático, que repousa na exigência do celibato, torna-se um escândalo que é preciso suprimir o mais rápido possível. Mas então a Igreja não é mais compreendida senão como uma simples ordenação humana, e a segurança assim visada não realiza mais o que ela devia alcançar. Que a Igreja não seja nossa instituição, mas a irrupção de algo diverso, que seja em sua essência de direito divino, o que tem por consequência que jamais a podemos fabricar por nós mesmos. Isso significa que jamais devemos lhe aplicar uma criteriologia puramente institucional; isso significa que ela não é verdadeiramente ela mesma senão quando extravasa as medidas e as maneiras de agir das instituições humanas"[28].

Medimos a importância de qualquer modificação da lei do celibato. Ela é a pedra de toque de uma sã eclesiologia. O celibato é um apoio que permite à Igreja evitar a falácia que seria compreendê-la

---

[28] Joseph Ratzinger. Les mouvements ecclésiaux et leur lieu théologique. In: *La Communion de foi*. v. 1. Croire et célébrer. Parole et Silence, 2008. p. 217-219.

como uma instituição humana cujas leis seriam a eficácia e a funcionalidade. O celibato sacerdotal abre a porta à gratuidade no corpo eclesial. Ele protege a iniciativa do Espírito Santo e nos faz evitar crer que somos os mestres e os criadores da Igreja. É preciso que levemos a sério a afirmação de João Paulo II: "O celibato sacerdotal não deve ser considerado como uma simples norma jurídica nem como uma condição exterior para alguém ser admitido à ordenação. Ele conforma a Jesus Cristo, Bom Pastor e Esposo da Igreja"[29]. O celibato exprime e manifesta quanto a Igreja é a obra do Bom Pastor antes de ser a nossa. Todavia, como observava ainda Joseph Ratzinger: "Há naturalmente na Igreja, ao lado de seu ordenamento fundamental – que é o sacramento –, instituições de direito simplesmente humano, para as múltiplas formas de administração, de organização, de coordenação que, segundo as exigências dos tempos, podem e devem crescer. Entretanto, deve-se também acrescentar: a Igreja tem certa necessidade de tais instituições que lhe são próprias, mas se elas se tornam muito numerosas e muito poderosas, elas colocam em perigo o ordenamento e a vitalidade de seu ser espiritual"[30].

A proposta de se criar "ministérios" situa-se nesse quadro institucional "de direito humano" que pode ter uma utilidade, mas que não é primordial. Talvez seja necessário para a missão de proceder a tais criações.

Nessa matéria, a Instrução *Ecclesia de mysterio*, publicada em 15 de agosto de 1997, com o título de *Sobre algumas questões concernentes à colaboração dos fiéis leigos no ministério dos sacerdotes*, aprovada pelo Papa João Paulo II e assinada por oito presidentes de dicastérios, permanece a autoridade definitiva que deve guiar nossa ação. Ela especifica e completa o *motu proprio Ministeria quaedam*, publicado em 1972 por Paulo VI,

---

[29] João Paulo II. *Pastores dabo vobis*, n. 50.
[30] Joseph Ratzinger. Les mouvements ecclésiaux et leur lieu théologique. In: *La Commuinion de foi, op. cit.*, p. 217-219.

para suprimir as ordens menores. Ele recordou que o emprego da palavra "ministério" não é usado sem ambiguidade: "Há certo tempo estabeleceu-se o uso de denominar ministérios não apenas os *oficia* (ofícios) e os *munera* (cargos) exercidos pelos *pastores* em virtude do sacramento da Ordem, mas também aqueles que exercem os fiéis não ordenados em virtude do sacerdócio batismal. A questão de vocabulário torna-se ainda mais complexa e delicada quando é reconhecida a todos os fiéis a possibilidade de exercer – como suplentes, por delegação oficial atribuída pelos pastores – certas funções mais específicas dos clérigos, mas que não exigem o caráter da Ordem. É preciso reconhecer que a linguagem se torna incerta, confusa e, portanto, inútil para exprimir a doutrina da fé cada vez que, como quer que seja, é velada a diferença 'de essência e não somente de grau' que existe entre o sacerdócio batismal e o sacerdócio ordenado"[31]. Em consequência, convém lembrar que "os *oficia*, que são confiados temporariamente aos leigos, são exclusivamente o resultado de uma delegação da Igreja. Somente uma constante referência à única fonte que constitui o 'ministério de Cristo' [...] permite, em uma certa medida, aplicar também aos fiéis leigos o termo *ministério* sem ambiguidade: isto é, sem que seja percebido e vivido como uma aspiração indevida ao *ministério ordenado*, ou como uma erosão progressiva de sua especificidade. Nesse sentido, o termo *ministério* (*servitium*) exprime simplesmente a obra pela qual os membros da Igreja prolongam, para si mesma e para o mundo, 'a missão e o ministério do Cristo'. Quando, ao contrário, o termo é especificado na relação e na comparação entre os diversos *munera* e *oficia*, convém então advertir claramente que é *somente* em razão da ordenação sagrada que ele adquire essa plenitude e essa univocidade de sentido que a tradição sempre lhe atribuiu"[32].

---

[31] Instrução *Ecclesia de mysterio*. Disposições práticas, artigo 1, "Necessidade de uma terminologia apropriada".
[32] *Ibid.*

Amar até o fim

É necessário ser preciso no emprego do vocabulário[33]. Alguns hábitos na ordem da terminologia acabam por criar confusões doutrinais graves. O princípio teológico deve ser claro: "o que constitui o ministério em sentido estrito não é a atividade em si mesma, mas a ordenação sacramental"[34]. Os ministérios não ordenados não são eles mesmos fruto de uma vocação pessoal, isto é, de uma vocação a um estado de vida. Eles são serviços que todo batizado pode prestar à Igreja por um tempo.

Como, entretanto, observa Joseph Ratzinger: "Se vocações espirituais são recusadas à Igreja durante um tempo muito longo, esta recai na tentação de se constituir, por assim dizer, um clero substituto de direito puramente humano. [...] Mas quando, por causa disso, negligencia-se de pedir por vocações sacramentais, quando a Igreja, aqui ou ali, começa a se satisfazer com tais meios e, por assim dizer, se tornar independente do dom de Deus, então ela se comporta um pouco como Saul que, diante da opressão dos filisteus, atenta em vão contra Samuel e que, vendo o povo começar a se debandar, pede a paciência e apresenta ele mesmo o holocausto. Ele que havia pensado não poder agir nessa situação extrema senão tomando em suas próprias mãos a causa de Deus acabou por ouvir que havia feito tudo fracassar por sua culpa (cf. 1Sm 13, 8-14; 15, 22)"[35]. A criação de "ministérios" laicos deve ser visada com grande

---

[33] "O fiel não ordenado pode ser chamado genericamente de 'ministro extraordinário' somente quando ele é chamado pela autoridade competente para exercer, unicamente nas funções de suplência, os cargos considerados pelo can. 230, § 3, e pelos cânones 943 e 1112. Naturalmente, pode-se utilizar o termo concreto que determina canonicamente a função confiada, como, por exemplo, catequista, acólito, leitor etc. A deputação temporária nas ações litúrgicas consideradas pelo can. 230, § 2 não confere nenhuma denominação especial ao fiel não ordenado" (*ibid.*).

[34] Instrução *Ecclesia de mysterio*, Princípios teológicos, § 2.

[35] Joseph Ratzinger. Les mouvements ecclésiaux et leur lieu théologique. In: *La Commuinion de foi, op. cit.*, p. 219.

circunspecção. Devemos temer tomar o lugar de Deus e de organizar a Igreja de maneira somente humana. É preciso que tenhamos coragem de perseverar na oração pelas vocações.

É capital medir a importância do celibato sacerdotal para que a Igreja possa compreender-se a si mesma. A eficácia, a organização, compreendidas de maneira puramente humana, não podem reger nossas decisões. Devemos aprender a dar lugar ao Espírito Santo em nosso governo e em nossos projetos pastorais.

Obscurecimento na compreensão do sacerdócio

Gostaria de prosseguir esse estudo sublinhando quanto a ordenação de homens casados representaria um obscurecimento no trabalho realizado pela Igreja em vista de uma melhor compreensão do sacerdócio.

O que é uma exceção?

Seria possível que me fosse feita a observação que já há exceções e que homens casados foram ordenados sacerdotes na Igreja latina continuando a viver *more uxorio* com suas esposas. Trata-se de exceções no sentido em que esses casos procedem de uma situação singular que não deve ser levada a se repetir. Assim deve ocorrer na entrada na plena comunhão de pastores protestantes casados destinados a receber a ordenação sacerdotal. Uma exceção é transitória por definição e constitui um parêntese no estado normal e natural das coisas. Tal não é o caso de uma região afastada na qual faltam padres. Sua raridade não é um estado excepcional. Essa situação é comum em todos os países de missão e mesmo em países do Ocidente secularizado. Por definição, uma Igreja nascente carece de padres. A Igreja primitiva encontrava-se nessa situação. Vimos que ela não renunciou ao princípio da continência dos clérigos. A ordenação de homens casados, ainda que antes tenham sido diáconos permanentes, não é uma exceção, mas uma brecha, uma ferida na coerência do sacerdócio. Falar de exceção seria um abuso de linguagem ou uma mentira.

A falta de padres não poderia justificar uma tal brecha, pois, ainda uma vez, não é uma situação excepcional. No mais, a ordenação de homens casados nas jovens comunidades cristãs interditaria suscitar nelas vocações sacerdotais de padres celibatários. A exceção se tornaria um estado permanente prejudicial à justa compreensão do sacerdócio.

Além disso, a afirmação segundo a qual a ordenação de homens casados seria uma solução em face da penúria de padres é uma ilusão. São Paulo VI já observava: "Não se deve crer que simplesmente a abolição do celibato eclesiástico aumentaria por isso e de modo notável o número de vocações: a experiência atual das Igrejas e comunidades eclesiais em que os ministros sagrados podem se casar parece provar o contrário"[36]. O número de padres não aumentaria de maneira notável. Ao contrário, a justa compreensão do sacerdócio e da Igreja seria obscurecida de modo durável.

Em vista da ordenação de homens casados, alguns teólogos tentaram adaptar o sacerdócio, reduzindo-o apenas à distribuição dos sacramentos. Essa proposição que visa separar os *tria munera* (santificação, ensino, governo) está em total contradição com o ensinamento do Concílio Vaticano II, que afirma sua unidade substancial (*Presbyterorum Ordinis*, 4-6). Esse projeto, teologicamente absurdo, revela uma concepção funcionalista do sacerdócio. Com Bento XVI, com frequência, nos perguntamos como esperar ainda vocações dessa perspectiva. Que

---
[36] Paulo VI. Encíclica *Sacerdotalis caelibatus*, n. 49, 24 jun. 1967.

dizer do projeto de justaposição de um clero casado e de um clero celibatário[37]? Corremos o risco de que se instale no espírito dos fiéis a ideia de um alto e de um baixo clero[38].

Celibato eucarístico

A demanda por ordenação de homens casados revela um profundo desconhecimento do vínculo ontológico entre celibato e sacerdócio. Os meios universitários ocidentais por vezes difundiram uma concepção puramente legal e disciplinar do celibato. Afirma-se que o celibato é próprio da vida religiosa e que deveria lhe ser reservado. Entretanto, são João Paulo II havia sublinhado quanto é "importante que o padre compreenda a motivação teológica da lei eclesiástica sobre o celibato"[39].

Desejaria aqui abordar esse fundamento teológico para dele retirar consequências pastorais. O sentido nupcial do celibato que já evocamos deve ser especificado. De fato, o celibato sacerdotal procede de uma necessária nupcialidade eucarística[40].

São Paulo VI assim sugeriu em 1967: "Segregado pelo Cristo Jesus (Fl 3,12) até se abandonar totalmente a Ele, o padre se configura mais perfeitamente ao Cristo igualmente no amor com o qual o padre eterno amou a Igreja, oferecendo seu corpo inteiro por ela, a fim de fazê-la uma Esposa gloriosa, santa e imaculada (Ef 5,23-27). A virgindade dos minis-

---

[37] Cf. Fritz Lobinger.. *Qui ordonner? Vers une nouvelle figure de prêtres*. Lumen Vitae, 2009.

[38] Em 1873, o bispo de Bergamo, Dom Pierluigi Speranza, quis passar de uma pastoral da visita para uma pastoral da presença nos bairros e vilarejos montanheses. Decidiu provê-los todos de um padre residente, provindo da comunidade local. Em uma quinzena de anos, foram ordenados 150 homens maduros, viúvos ou celibatários, após uma formação rudimentar em um seminário específico. Em 1888, foi preciso interromper a experiência porque o povo cristão desprezava profundamente esses padres que, em sua maioria, não confessavam.

[39] João Paulo II. *Pastores dabo vobis*, n. 22.

[40] Cf. L. Touze. Théologie du célibat sacerdotal. In: *Nova et Vetera*, XCIV, 2019/2. p. 138-141.

tros sagrados manifesta de fato o amor virginal do Cristo pela Igreja e a fecundidade virginal e sobrenatural dessa união"[41]. O Cristo se ofereceu sobre o altar da Cruz. Todos os dias, o sacerdote renova essa oblação ao pronunciar as palavras "isto é meu corpo entregue por vós". Essas palavras adquirem para ele o sentido do ingresso na oferenda virginal do Cristo. A cada vez que um padre repete "isto é meu corpo", ele oferece seu corpo sexuado em continuidade com o sacrifício da Cruz.

Em uma homilia pronunciada por ocasião de meu jubileu de ouro sacerdotal, em 28 de setembro de 2019, lembrava: "Um padre é um homem que é representante de Deus, um homem que está revestido dos poderes de Deus. Vede o poder do sacerdote! A língua do sacerdote, de um pedaço de pão, faz um Deus"[42]. Ora, esse milagre somente ocorrerá se aceitarmos ser crucificados com o Cristo. Cada um de nós deve aceitar dizer como são Paulo: "Com Cristo, estou crucificado. Eu vivo, mas não mais eu, mas é o Cristo que vive em mim. Esta minha vida presente na carne, eu a vivo na fé no Filho de Deus, que me amou e por mim se entregou" (cf. Gl 2,19-20). É apenas pela Cruz, no termo de uma prodigiosa descida nos abismos das humilhações, que o Filho de Deus doa aos sacerdotes o poder divino da Eucaristia. O dinamismo íntimo do sacerdote, o alicerce sobre o qual se constrói sua existência sacerdotal, é, tal como afirmava são Josemaría Escrivá, a Cruz de Nosso Senhor Jesus Cristo. Ele proclamava em sua divisa: *"In laetitia nulla dies sine cruce*: na alegria, nenhum dia sem a Cruz". Ora, a alegria do padre é plenamente vivida na Santa Missa. Ela é a razão de ser de sua existência e dá sentido à sua vida. No altar, o padre se coloca junto à hóstia. Jesus o olha e ele olha para Jesus. Estamos conscientes do que significa ter o próprio Cristo verdadeiramente presente diante dos olhos? A cada missa, o sacerdote

---

[41] Paulo VI. Encíclica *Sacerdotalis caelibatus*, n. 26, 24 jun. 1967.
[42] São João Maria Vianney, *apud*, Bernard Naudet. *Jean-Marie Vianney, curé d'Ars. Sa pensée, son coeur*. Paris, Cerf, 2007.

encontra-se face a face com Jesus. Então, o sacerdote é identificado, configurado ao Cristo. Ele não se torna somente um *Alter Christus*, um outro Cristo. Ele é verdadeiramente *Ipse Christus*, ele é o próprio Cristo. Ele está investido pela pessoa do próprio Cristo, configurado por uma identificação específica e sacramental ao Sumo Sacerdote da Aliança eterna (cf. *Ecclesia de Eucharistia*, n. 26). "Nós, sacerdotes", diz ainda são Josemaría Escrivá, "quer sejamos santos ou pecadores, não somos mais nós mesmos quando celebramos a Santa Missa. Somos o Cristo que renova sobre o altar o divino sacrifício do Calvário"[43]. De fato, no altar, não presido essa missa que nos reúne. É Jesus que a preside em mim. Por mais que disso seja indigno, Jesus está verdadeiramente presente na pessoa do celebrante. Sou o Cristo: que afirmação terrificante! Que notável responsabilidade! É em seu nome e em seu lugar que estou diante do altar (*Lumen gentium*, 28). É *in persona Christi* que consagro o pão e o vinho, após lhe ter entregue meu corpo, minha voz, meu pobre coração tantas vezes ferido por numerosos pecados. Na vigília de cada celebração eucarística, se permanecemos filialmente entregues em seus braços, a Virgem Maria nos prepara para nos entregarmos de corpo e alma a Jesus Cristo para que o milagre da Eucaristia se realize. A Cruz, a Eucaristia e a Virgem Maria amoldam, estruturam, alimentam e consolidam nossa vida cristã e sacerdotal. Compreendeis porque todo cristão, e, mais particularmente, o sacerdote, deve construir sua vida interior sobre essas três realidades: *Crux*, *Hostia* e *Virgo*. A Cruz nos faz nascer para a vida divina. A Virgem, como uma mãe, vela atentamente por nosso crescimento espiritual. Ela nos educa para crescer na fé. Jesus nos desvela o segredo desse alimento celeste em que sua própria carne se torna nosso alimento. Podemos viver de sua vida, em uma inaudita intimidade com ele. O sacerdote é verdadeiramente o amigo de Jesus.

---

[43] Josemaría Escrivá. *Prêtre pour l'éternité*. Imprimerie D. Decoster, 1983.

Amar até o fim

Ele se oferece a Deus. Ele se oferece a toda a Igreja e a cada um dos fiéis a quem ele é enviado. O sacerdote aprende a lógica de seu celibato na Eucaristia. "Ao agir representando o Cristo, o sacerdote se une mais intimamente à oferenda, depositando sobre o altar toda sua vida marcada de sinais do holocausto"[44]. Ele aprende no sacrifício eucarístico o que significa o dom total de si.

O celibato sacerdotal nasce da Eucaristia. Ele confere à toda a vida do sacerdote um sentido sacrifical: "É da Eucaristia que o sacerdote recebe a graça e a responsabilidade de dar um sentido 'sacrifical' a toda sua existência"[45]. O vínculo entre continência e celebração eucarística percebida desde sempre pelo *sensus fidei* dos fiéis, tanto no Ocidente quanto no Oriente, não tem nada a ver, portanto, com um tabu ritual em torno da sexualidade. Trata-se de uma percepção profunda da "lógica eucarística da existência cristã"[46].

O celibato aparece como a porta de entrada sacerdotal nessa lógica eucarística. Ninguém pode permanecer fiel ao celibato sem a celebração cotidiana da missa. Na Eucaristia, o sacerdote recebe o celibato como um dom. Pode-se resumir esse vínculo entre celebração eucarística e celibato com as palavras do cardeal Marc Ouellet: o celibato "corresponde à obrigação eucarística do Senhor que, por amor, doou seu corpo de uma vez por todas, até o ponto extremo da distribuição sacramental, e que pede

---

[44] Paulo VI. Encíclica *Sacerdotalis caelibatus*, n. 29, 24 jun. 1967.

[45] João Paulo II. *Pastores dabo vobis*, n. 23.

[46] Bento XVI. Exortação apostólica *Sacramentum caritatis*, n. 80. "Além do vínculo com o celibato sacerdotal, o Mistério eucarístico tem também uma relação intrínseca com a virgindade consagrada, na medida em que é expressão do dom exclusivo da Igreja ao Cristo, que ela acolhe como seu Esposo com uma fidelidade radical e fecunda. Na Eucaristia, a virgindade consagrada encontra inspiração e alimento para sua doação total ao Cristo. Ela toma também da Eucaristia reconforto e impulso para ser, em nosso tempo igualmente, sinal do amor gratuito e fecundo que Deus tem pela humanidade. [...] Nesse sentido, ela remete de maneira eficaz ao horizonte escatológico do qual todo homem tem necessidade para poder orientar as escolhas e as decisões de sua vida" (*Sacramentum caritatis*, n. 81).

do chamado uma resposta da mesma ordem, isto é, total, irrevogável e incondicional"[47]. Se o Cristo se doa a si mesmo como alimento, então o sacerdote deve ser "um homem crucificado e um homem entregue", segundo a palavra do Bem-aventurado Antoine Chevrier. O celibato é disto sinal e realização completa. Estou intimamente convencido de que o povo cristão "reconhece" seus padres graças a esse símbolo. Pelo instinto da fé, os fiéis de qualquer cultura reconhecem infalivelmente o Cristo oferecido por todos no sacerdote celibatário.

Celibato sacerdotal e enculturação

Desejaria, por consequência, expressar minha mais profunda indignação quando ouço dizer que a ordenação de homens casados é uma necessidade, na medida em que os povos da Amazônia não compreendem o celibato ou que essa realidade será sempre estranha a sua cultura. Presumo nesse gênero de argumentos uma mentalidade deficitária, neocolonialista e infantilizadora que me choca. Todos os povos do mundo são capazes de compreender a lógica eucarística do celibato sacerdotal. Esses povos seriam desprovidos do senso da fé? É racional pensar que a graça de Deus seria inacessível aos povos da Amazônia e que Deus os privaria do dom do celibato sacerdotal que a Igreja guarda há séculos como uma joia preciosa? Não existe cultura que a graça de Deus não possa alcançar e transformar. Quando Deus entra em uma cultura, Ele não a deixa intacta. Ele a desestabiliza e a purifica, Ele a transforma e a diviniza. Por que haveria nas zonas mais recolhidas da Amazônia mais dificuldades para se compreender o celibato sacerdotal? Não tenhamos medo se o celibato se furta às culturas locais. Jesus nos disse: "Não vim trazer a paz, mas a espada" (Mt 10,34). O contato entre o Evangelho e

---

[47] Marc Ouellet. *Celibato e legame nuziale di Cristo alla Chiesa*. LEV, 2016. p. 50 [trad.: *Celibato e vínculo nupcial de Cristo com a Igreja*. São Paulo: Fons Sapientiae, 2020 - NdT.].

uma cultura que não o conhece é sempre desconcertante. Os judeus e os gregos dos primeiros séculos foram também surpreendidos pelo celibato pelo Reino. É um escândalo para o mundo e sempre continuará sendo, pois ele torna presente o escândalo da Cruz.

Alguns missionários ocidentais não compreendem mais o sentido profundo do celibato e projetam suas dúvidas nos povos amazônicos. Gostaria de evocar o testemunho esclarecedor de um missionário presente no sínodo, que conhece bem a situação local. O padre Martin Lasarte anima as 47 comunidades salesianas da região, que contam com 612 mil cristãos pertencentes a 62 grupos étnicos diferentes[48]: "Na América Latina, não faltam exemplos positivos, como entre os *Quetchi* da Guatemala central (Verapaz) ou, apesar da ausência de padres em algumas comunidades, os ministros leigos dirigem comunidades vivas, ricas em ministérios, liturgias, itinerários catequéticos, missões e entre as quais os grupos evangélicos penetraram pouco. Apesar da falta de padres para todas as comunidades, é uma Igreja local rica em vocações sacerdotais indígenas, em que até mesmo se fundaram congregações religiosas femininas e masculinas de origem inteiramente local. A falta de vocações sacerdotais e religiosas na Amazônia é uma deficiência pastoral ou trata-se antes da consequência de escolhas teológico-pastorais que não deram os frutos esperados, ou resultados apenas parciais? Em minha opinião, a proposição dos *viri probati* como solução à evangelização é uma proposta ilusória, quase mágica, que não aborda a verdadeira causa do problema". O padre Lasarte cita também o exemplo de por volta de 500 povos e etnias que vivem em torno do rio Congo. O cristianismo ali é, por vezes, considerado a religião do poder colonial. Entretanto, o florescimento das Igrejas é promissor. As vocações sacerdotais aumentaram 32% ao longo dos dez últimos anos, e a tendência continua. O padre Lasarte prossegue desta

---

[48] Estudo de 20 de maio de 2019, publicado no *site* oficial do PIME, *Asia News*, 10 e 11 out. 2019.

Do profundo de nosso coração

forma: "A questão que não pode deixar de ser posta é a seguinte: Como é possível que povos com tais semelhanças antropológico-culturais com os povos amazônicos no nível dos ritos, dos mitos, de um sentido potente de pertença a uma comunidade, de uma comunhão com o cosmos, de uma profunda abertura religiosa tenham feito fluir comunidades cristãs e vocações sacerdotais enquanto em algumas partes da Amazônia, após 200 ou 400 anos, estamos diante de uma esterilidade eclesial e vocacional? Há dioceses e congregações presentes há mais de um século e que não têm uma só vocação indígena local"[49].

Em todas as regiões do mundo, as comunidades cristãs encontraram provações e dificuldades, mas constata-se que onde há uma ação de evangelização séria, autêntica e contínua, não faltam vocações para o sacerdócio.

Nessa linha, o Papa Francisco ousa afirmar com lucidez e coragem: "Em numerosos lugares, as vocações ao sacerdócio e à vida consagrada tornam-se raras. Em geral, nas comunidades, isso é devido à ausência de um fervor apostólico contagioso e, por tal razão, elas não entusiasmam e não suscitam atração. Onde há vida, fervor, vontade de levar o Cristo aos outros, surgem vocações autênticas. [...] É a vida fraterna e fervorosa da comunidade que desperta o desejo de se consagrar inteiramente a Deus e à evangelização, sobretudo se essa comunidade vivente reza com insistência pelas vocações e a coragem de propor a seus jovens um caminho de consagração especial"[50].

O Papa aponta o fundamento do problema: a falta de fé e de fervor apostólico. Renuncia-se a anunciar o Cristo. Estou convencido de que, se propusermos aos jovens trabalhar pela evangelização, as vocações de missionários surgirão.

---

[49] *Ibid.*
[50] Papa Francisco. *Evangelii gaudium*, n. 107.

Infelizmente, contenta-se com frequência, com o pretexto de uma enculturação mal compreendida, defender os direitos dos povos ou agir em favor de seu desenvolvimento econômico. Esse não é o coração do mandato que Jesus nos deu. Ele nos disse: "Ide a todas as nações e fazei discípulos, batizando-os em nome do Pai, do Filho e do Espírito Santo, e ensinando-lhes a observar tudo que vos ensinei" (Mt 28,19-20). Assim, muito se cuida dos povos, mas pouco de anunciar o coração de nossa fé. Tenho vergonha de constatar, mas os protestantes evangélicos são por vezes mais fiéis ao Cristo que nós. Tornamo-nos especialistas em matéria de ação social, política ou ecológica. Entretanto, como nos lembra Bento XVI, "os fiéis não esperam senão uma coisa dos padres: que sejam especialistas no encontro do homem com Deus"[51].

O Papa Francisco expôs o problema com muita clareza em seu discurso de encerramento do sínodo. Ele evocou a renovação necessária do zelo missionário. Lembrou claramente que a evangelização constitui o coração da reflexão sinodal: o princípio é o anúncio da salvação em Jesus Cristo. Além disso, para responder a seu apelo, "queremos, pelo celibato sacerdotal, ir adiante e tornar presente o escândalo de uma fé que coloca toda a existência em Deus"[52]. Em um novo ímpeto de evangelização, queremos, pelo celibato, tornar presente o que o mundo não quer: só Deus basta. Só Ele pode nos salvar e nos tornar plenamente felizes.

Para um sacerdócio radicalmente evangélico

O sacerdócio passa por uma crise. Escândalos detestáveis desfiguraram seu rosto e desestabilizaram numerosos padres no mundo. Ora, no seio da Igreja, as crises sempre clamam por um retorno à laicidade do Evangelho, e não pela adoção de critérios mundanos.

---

[51] Bento XVI. Discurso ao clero polonês, 25 mar. 2006.
[52] Bento XVI. Vigília na Praça São Pedro, diálogo com os sacerdotes, 10 jun. 2010.

Do profundo de nosso coração

O celibato é um escândalo para o mundo. Somos tentados a atenuá-lo. Ao contrário, é preciso descobrir, como sustentava são João Paulo II, que "o Espírito, consagrando o sacerdote e configurando-o a Jesus Cristo Cabeça e Pastor, cria um vínculo no ser mesmo do padre; esse vínculo deve ser assumido e vivido de uma maneira pessoal, isto é, consciente e livre, por uma vida de comunhão e de amor cada vez mais rica e um compartilhar de modo sempre maior e radical dos sentimentos e das atitudes de Jesus Cristo. Nesse vínculo entre o Senhor Jesus e o sacerdote, vínculo ontológico e psicológico, sacramental e moral, reside o fundamento ao mesmo tempo que a força necessária dessa 'vida no Espírito' e desse 'radicalismo evangélico' ao qual todo sacerdote é chamado"[53].

Não se resolve a crise do sacerdócio enfraquecendo o celibato. Ao contrário, estou convencido de que o futuro do sacerdócio reside no radicalismo evangélico. Os padres devem viver o celibato e uma certa pobreza. São a isso chamados de modo particular. O celibato, a pobreza e a fraternidade vividos na obediência não são apenas meios de santificação pessoal para os padres; tornam-se sinais e instrumentos de uma vida especificamente sacerdotal: "O padre é chamado a viver os conselhos evangélicos segundo as modalidades e mais ainda segundo as finalidades que procedem da identidade sacerdotal e a exprimem"[54]. A lógica de desapropriação induzida pelo celibato deve ir até a obediência e à renúncia na pobreza. Bento XVI o afirma com força: "Sem a renúncia aos bens materiais não poderia haver sacerdócio. O chamado a seguir Jesus não é possível sem esse sinal de liberdade e de renúncia a todos os compromissos"[55].

O conceito pleno de sacerdócio inclui uma vida segundo os conselhos evangélicos. Creio que é tempo de os bispos tomarem medidas

---

[53] João Paulo II. *Pastores dabo vobis*, n. 72.
[54] *Ibid.*, n. 27.
[55] Joseph Ratzinger. *Le Ressuscité, op. cit.*, p. 175.

concretas para propor a seus padres essa vida "plenamente sacerdotal", vida comum na oração, na pobreza, no celibato e na obediência. Quanto mais os padres viverem a radicalidade evangélica, mais sua identidade e sua vida cotidiana serão coerentes. Há aí um trabalho de reforma a ser empreendido, isto é, de retorno às fontes. Não confundo a vida sacerdotal com a vida religiosa[56]. Afirmo solenemente que o sacerdócio é um estado de vida que implica uma existência doada e consagrada na verdade.

Uma vida segundo o mundo não pode produzir em uma alma sacerdotal senão um sentimento de incoerência, de incompletude e de separação. "Ninguém pode servir a dois senhores" (Mt 6,24).

Caros irmãos padres, permitam-me dirigir-me diretamente a vós. Os escândalos sexuais explodem em um ritmo regular. São amplamente difundidos pelas redes sociais. Recobrem-nos de vergonha porque colocam diretamente em causa nossa promessa de celibato no seguimento do Cristo. Como suportar que alguns de nossos irmãos tenham podido profanar a inocência sagrada de crianças? Como poderíamos esperar uma fecundidade missionária se tais atrocidades são cometidas em segredo? Isso aumenta nosso sofrimento e nossa solidão. Alguns dentre vós estão esgotados pelo trabalho. Outros celebram em igrejas vazias. A todos desejo recordar: a experiência da Cruz revela a verdade de nossa vida. Proclamando a verdade de Deus, subis na Cruz. Sem vós, a humanidade seria menor e menos bela. Sois o sustento vivo da verdade, pois aceitastes amar até a Cruz. Não sois defensores de uma verdade abstrata ou de um partido. Decidistes sofrer por amor de Jesus Cristo. Todos vós, padres escondidos e esquecidos, vós que a sociedade por vezes despreza, vós que sois fiéis às promessas de vossa ordenação, fazeis tremer os poderes

---

[56] O estado sacerdotal não exige por sua natureza a profissão dos conselhos evangélicos, mas uma vida segundo esses conselhos. Cabe aos religiosos serem por estado consagrados pela profissão dos votos em vista de se tornarem sinais proféticos da radicalidade evangélica na Igreja (cf. *Lumen gentium*, 44; Pio XII. Alocução *Annus Sacer*, 8 dez. 1950).

deste mundo. Lembro-vos que nada resiste à força do dom de vossa vida pela verdade. Vossa presença é insuportável para o Príncipe da mentira.

O celibato revela a essência mesma do sacerdócio cristão. Falar dele como de uma realidade secundária é algo que causa ferimentos para todos os sacerdotes do mundo. Estou intimamente convencido de que a relativização do celibato sacerdotal acaba por reduzir o sacerdócio a uma simples função. Ora, o sacerdócio não é uma função, mas um estado de vida.

A vocação sacerdotal: uma vocação à oração

Caros irmãos sacerdotes, caros seminaristas que vos preparais para o sacerdócio, sei que muitos dentre vós sofreis terrivelmente por ver o celibato criticado e desprezado. Sei quanto vos sentis sós e abandonados por aqueles de quem esperais um apoio. Não vos deixeis perturbar pelas pequenas opiniões teológicas, vãs e pietistas, do momento. Se duvidais de vossa vocação ou sois tentados a hesitar diante da exigência do celibato, meditai nas palavras cheias de luz e de força de Bento XVI: "Jesus nos sustenta. Fixemos novamente nosso olhar Nele e levantemos as mãos para Ele. Deixemo-nos ser levados por sua mão e não balançaremos. [...] Uma de minhas orações preferidas é a oração que a liturgia coloca em nossos lábios antes da comunhão: 'Não permitais que me separe de vós'. Pedimos para jamais rompermos a comunhão com seu Corpo, com o próprio Cristo, jamais abandonar o mistério eucarístico. Pedimos para que ele jamais solte nossa mão. [...] O Senhor colocou sua mão sobre nós. Ele exprimiu o significado desse gesto nas palavras: 'Não vos chamo mais servos, pois o servo não sabe o que faz o seu senhor, mas vos chamo de amigos, porque vos dei a conhecer tudo que ouvi de meu Pai' (Jo 15, 15). 'Não vos chamo mais servos, mas amigos': nessas palavras pode-se ver a instituição do sacerdócio. O Senhor faz de nós seus amigos: nos confia tudo; nos confia sua pessoa, a fim de que possamos falar em seu nome, *in persona Christi capitis*. Que confiança! Ele se colocou verdadeiramente em nossas mãos. [...] 'Não vos chamo mais servos, mas amigos'. Tal é o significado profundo da condição de sacerdote: se tornar amigo de Jesus Cristo. Nessa amizade devemos nos engajar a cada dia de novo. Devemos nos exercitar nessa comunhão de pensamento com Jesus, nos diz são Paulo na Epístola aos Filipenses (Fl 2,2-5). E essa comunhão de pensamento não é algo unicamente intelectual, mas é uma comunhão de sentimentos e de vontade, portanto, igualmente de ação. Isso significa que devemos conhecer Jesus de modo cada vez mais pessoal, escutando-o, vivendo com Ele, estando diante Dele. Ouvi-lo na *lectio divina*, isto é, lendo a Sagrada Escritura de modo não acadêmico, mas espiritual; de tal modo, aprenderemos a reconhecer Jesus presente que nos fala. Devemos raciocinar e refletir sobre suas palavras e sobre sua ação diante Dele e com Ele. A leitura da Sagrada Escritura é oração, ela deve ser oração, deve nascer da oração e conduzir à oração. Os evangelistas nos dizem que muitas vezes o Senhor retirava-se 'para a montanha' para rezar só por noites inteiras. Nós também temos necessidade dessa 'montanha': é para o cume interior que devemos escalar, a montanha da oração. Somente assim se desenvolve a amizade. Somente assim podemos levar o Cristo e seu Evangelho aos homens. O simples ativismo pode chegar ao heroísmo. Mas a ação externa, no final das contas, é infrutífera e perde sua eficácia se não nasce da comunhão íntima com o Cristo. O tempo que nisso dispensamos é verdadeiramente um tempo de atividade pastoral, de uma atividade autenticamente pastoral. O padre deve ser sobretudo um homem de oração. O mundo, em sua atividade frenética, geralmente perde o sentido de orientação. Se falta-lhe a força da oração, da qual brotam as águas da vida capazes de tornar fecunda a terra árida, sua ação e suas capacidades tornam-se destrutivas. 'Não vos chamo mais servos, mas amigos'. O coração do sacerdócio é sermos amigos de Jesus Cristo.

Do profundo de nosso coração

Somente assim podemos falar verdadeiramente *in persona Christi*, ainda que nosso distanciamento interior do Cristo não possa comprometer a validade do sacramento. Ser amigo de Jesus, ser padre, significa ser um homem de oração. Assim o reconhecemos e saímos da ignorância de simples servos. Assim aprendemos a viver, a sofrer e a agir com Ele e por Ele. A amizade com Jesus é, por antonomásia, sempre uma amizade com os seus. Não podemos ser amigos de Jesus senão na comunhão com o Cristo inteiro, com a Cabeça e o Corpo; na vinha abundante da Igreja animada por seu Senhor. [...] Gostaria de concluir esta homilia com uma frase de Andrea Santoro, o padre da diocese de Roma que foi assassinado em Trebizonde enquanto rezava. Essa frase diz: 'Estou aqui para morar com esse povo e permitir a Jesus estar-lhe presente emprestando-lhe minha carne. [...] Somente oferecendo a própria carne que nos tornamos capazes de salvação. O mal do mundo deve ser carregado e a dor deve ser compartilhada sendo absorvida até o fim em sua carne, como fez Jesus'. Jesus assumiu nossa carne. Demos-lhe a nossa, de modo que Ele possa vir ao mundo e o transformar"[57].

A missa é a razão de ser do sacerdote. A renovação do sacrifício do calvário não é apenas a ação mais importante e mais elevada do dia, mas o que lhe confere todo seu sentido. O santo cura d'Ars repetia geralmente com lágrimas nos olhos: "Ah! Como é emocionante ser padre!". Em seguida acrescentava: "Como é triste um padre que celebra a missa como se fosse um fato ordinário. Quanto se dispersa um padre que não tem vida interior"[58].

Caros padres, caros seminaristas, não nos deixemos levar pela precipitação, pelo ativismo e pela superficialidade de uma vida que prioriza o engajamento social ou ecológico, como se o tempo consagrado ao Cristo no silêncio fosse tempo perdido. É precisamente na oração e na

---
[57] Bento XVI. Homilia de 13 abr. 1006.
[58] Bernard Naudet. *Jean-Marie Vianney, curé d'Ars. Sa pensée, son coeur, op. cit.*, p. 1014-1018.

Amar até o fim

adoração diante do tabernáculo que encontramos o apoio indispensável para nossa virgindade e para nosso celibato sacerdotal.

Não nos desencorajemos: a oração exige esforço. Ela implica um corpo a corpo, uma árdua luta com Deus, semelhante àquela de Jacó que combateu a noite toda até a aurora (Gn 32,23-33). Por vezes, temos a impressão dolorosa de que Jesus se cala, pois ele opera no mais profundo segredo. Sejamos assíduos na oração de adoração e a ensinemos aos fiéis cristãos pelo exemplo de nossa vida. Para encorajar os padres a uma relação íntima com o Senhor, são Carlos Borromeu repetia: "Não poderás cuidar da alma dos outros se deixas a tua perecer. No final, não farás mais nada, mesmo pelos outros. Deves primeiro ter tempo para ti para estar com Deus. [...] Consagras-te ao cuidado das almas? Não negligencias por isso o cuidado de ti mesmo e não te does aos outros a ponto de nada mais restar em ti e nada para ti. Deves, sem dúvida, lembrar-te das almas das quais és pastor, mas não te esqueças de ti mesmo. Compreendei, meus irmãos, que nada nos é tão necessário quanto a meditação que precede, acompanha e segue todas as nossas ações: cantarei, diz o profeta, e meditarei (cf. Sl 100, 1). Se distribuis os sacramentos, meu irmão, medita no que tu fazes. Se recitas os salmos no coro, medita em quem e de que falas. Se guias as almas, medita sobre o sangue que as purificou"[59]. São João Paulo II assim comenta os preciosos conselhos de Carlos Borromeu aos padres: "A vida de oração, em particular, deve estar em 'reforma' permanente no sacerdote. De fato, a experiência ensina que, no domínio da oração, não se pode viver com o que se adquiriu. Não é preciso apenas a cada dia reconquistar a fidelidade exterior nos momentos de oração, sobretudo aqueles da liturgia das horas e os que são deixados à escolha pessoal sem o apoio do ritmo litúrgico, mas é preciso também reeducar de modo especial a busca perseverante de um verdadeiro encontro pessoal

---

[59] São Carlos Borromeu. *Acta Ecclesiae Mediolanensis*, Milão (1559), p. 1178. In: Exortação apostólica pós-sinodal *Pastores dabo vobis*, n. 72.

Do profundo de nosso coração

com Jesus, um diálogo confiante com o Pai e uma experiência profunda do Espírito. O que o apóstolo Paulo afirma a respeito de todos os crentes que devem chegar a 'formar o Homem perfeito, na força da idade, que realiza a plenitude do Cristo' (Ef 4,13) pode ser aplicado de um modo específico aos padres chamados à perfeição da caridade e, portanto, à santidade; seu ministério pastoral exige que sejam exemplos perfeitos de fé e de oração e modelos vivos para todos os fiéis"[60].

Caros padres e seminaristas, face à indiferença religiosa generalizada e à crise da doutrina, se quereis que vossa fé permaneça forte e vigorosa, convém alimentá-la com uma vida de oração assídua, humilde e confiante. Sede perseverantes e permanecei modelos e mestres de oração: "Que vossos dias sejam ritmados por momentos de oração durante os quais, seguindo o modelo de Jesus, mantendes um diálogo regenerador com Deus. Sei que não é fácil permanecermos fiéis a esses encontros cotidianos com o Senhor que nos espera no tabernáculo, sobretudo em nossos dias em que o ritmo da vida é mais frenético e em que as ocupações nos absorvem em uma medida cada vez maior. Devemos, entretanto, nos convencer: o momento da oração é o tempo mais importante da vida do padre, aquele em que a graça divina age com maior eficácia, tornando seu ministério fecundo. Orar é o primeiro serviço a ser prestado à comunidade. Também os momentos de oração devem ter em nossa vida uma verdadeira prioridade"[61].

Construí vossa existência na rocha firme de um plano de vida. Pedi constantemente ao Senhor para unificar vossa vida. O trabalho e a oração, longe de se darem as costas, devem se tornar o apoio um do outro. Se não estamos interiormente em comunicação com Deus, nada podemos dar aos outros. É preciso constantemente redescobrir que Deus é nossa prioridade. "Ser ordenado sacerdote", afirma Bento XVI, "significa en-

---

[60] João Paulo II. *Pastores dabo vobis*, n. 72.
[61] Bento XVI. Ao clero de Brindisi, 15 jun. 2008.

trar de maneira sacramental e existencial na oração do Cristo pelos seus. É daí que decorre para nós, sacerdotes, uma vocação particular para a oração. [...] O padre que reza muito e que reza bem é progressivamente expropriado de si mesmo e cada vez mais unido a Jesus Bom Pastor e servo de seus irmãos"[62]. Sem a fé e a oração, o celibato sacerdotal seria como uma casa construída sobre a areia; ela desaba quando vem a tempestade. Sem a oração e uma fé viva, como poderíamos compreender e viver alegremente o celibato sacerdotal?

Caros irmãos padres e bispos, releiamos as palavras de Bento XVI: "Paulo chama a Timóteo – e, por seu intermédio, o bispo e, em geral, o padre – 'homem de Deus' (1Tm 6,11). Tal é o dever central do padre: levar Deus aos homens. Certamente só poderá fazê-lo se ele mesmo vem de Deus, se vive com e de Deus. [...] O verdadeiro fundamento da vida do sacerdote, o solo de sua existência, a terra de sua vida é o próprio Deus. A Igreja [...] viu de modo adequado a explicação do que significa a missão sacerdotal na *sequela* dos apóstolos, na comunhão com o próprio Jesus. O sacerdote pode e deve dizer hoje igualmente com o levita: '*Dominus pars hereditatis meae et calicis mei*'. O próprio Deus é minha parte de terra, o fundamento externo e interno de minha existência. Esse teocentrismo da existência sacerdotal é necessário precisamente em nosso mundo totalmente funcional, no qual tudo é fundado em prestações que podem ser calculadas e verificadas. O sacerdote deve verdadeiramente conhecer Deus do interior e assim o levar aos homens: tal é o serviço prioritário do qual hoje a humanidade tem necessidade. Se, em uma vida sacerdotal, perde-se o aspecto central de Deus, o zelo da ação desaparece pouco a pouco. No excesso das coisas exteriores falta o centro que dá sentido ao todo e que o reconduz à unidade. Falta o fundamento da vida, a 'terra' sobre a qual tudo isso pode permanecer e prosperar"[63].

---

[62] Bento XVI. Homilia da missa de ordenação sacerdotal, 3 maio 2009.
[63] Bento XVI. Discurso à Cúria romana, 22 dez. 2006.

Do profundo de nosso coração

Esse ensinamento é a carta de qualquer reforma, de qualquer renovação do sacerdócio na Igreja católica. Ele esclarece definitivamente o sentido e a necessidade do celibato. O sacerdote não pode e não deve ter senão a Deus. Ele deve ser pobre de tudo, salvo de Deus. Ele deve manifestar por seu gênero de vida que Deus está no centro de qualquer evangelização e de qualquer pastoral.

"O celibato, que vale para os bispos em toda a Igreja oriental e ocidental, e, segundo uma tradição que remonta a uma época próxima à dos apóstolos, para os sacerdotes em geral na Igreja latina, não pode ser compreendido e vivido de modo definitivo senão com base nesse fundamento. As razões unicamente pragmáticas, a referência à maior disponibilidade não bastam: essa maior disponibilidade de tempo poderia facilmente se tornar também uma forma de egoísmo, que dispersa os sacrifícios e as dificuldades decorrentes da exigência de se aceitar e de se suportar reciprocamente contidas no casamento; ela poderia também conduzir a um empobrecimento espiritual ou a uma dureza de coração. O verdadeiro fundamento do celibato não pode ser contido senão na frase: '*Dominus pars*', 'Sois minha herança'. Ele só pode ser teocêntrico. Não pode significar sermos privados do amor, mas deve significar deixar-se conquistar pela paixão por Deus, e aprender em seguida, graças a uma presença mais íntima em si, a servir igualmente aos homens. O celibato deve ser um testemunho de fé: a fé em Deus se torna concreta nessa forma de vida que tem sentido unicamente a partir de Deus. Situar sua vida Nele, renunciando ao casamento e à família, significa que se acolhe e se faz a experiência de Deus como realidade e que se pode, portanto, levá-lo aos homens. Nosso mundo totalmente positivista, no qual Deus aparece no máximo como uma hipótese, mas não como uma realidade concreta, tem necessidade de se apoiar em Deus do modo mais concreto e radical possível. Ele tem necessidade do testemunho de Deus que reside na decisão de acolher a Deus como terra sobre a qual se funda nossa existência. É por tal razão que o celibato é tão importante hoje, ainda que sua aplicação para nosso mundo atual seja constantemente ameaçado e colocado em questão. Para esse objetivo, ao longo do caminho, é necessária uma preparação atenta; de igual modo um acompanhamento tenaz por parte do bispo, de amigos padres e de leigos, que sustentam juntos o testemunho sacerdotal. É preciso uma oração que invoque incessantemente o Deus vivo e que Nele se apoie tanto nos momentos de confusão quanto nos de alegria. Desse modo, contrariamente à tendência cultural que tenta nos convencer que não somos capazes de tomar tais decisões, esse testemunho pode ser vivido e, assim, em nosso mundo, pode colocar em jogo a Deus como realidade"[64].

Nosso mundo tem, mais do que nunca, necessidade do celibato sacerdotal. Ele é necessário para os padres, mas também indispensável de um ponto de vista pastoral. Ele é de uma ardente atualidade missionária.

Retomemos, para concluir, os fundamentos essenciais de nosso propósito. O Cristo Jesus é sacerdote. Todo seu ser é sacerdotal, dado e entregue. Antes Dele, os sacerdotes ofereciam a Deus animais como sacrifício. Ele nos revelou que o verdadeiro sacerdote se oferece a si mesmo. Agora, para ser sacerdote, é preciso ingressar nessa grande oferenda do Cristo ao Pai. É preciso adotarmos o sacrifício da Cruz como forma de toda nossa vida.

Esse dom toma a forma do sacrifício do esposo por sua esposa. O Cristo é verdadeiramente o Esposo da Igreja. O sacerdote, por sua vez, entrega-se por toda a Igreja. O celibato manifesta esse dom, é seu sinal concreto e vital. O celibato é o selo da Cruz em nossa vida de sacerdotes. Ele é um grito da alma sacerdotal que proclama o amor pelo Pai e o dom de si à Igreja.

---
[64] Bento XVI. Discurso à Cúria romana, 22 dez. 2006.

Do profundo de nosso coração

O sacerdote, por seu celibato, renuncia a expandir humanamente sua capacidade de ser esposo e pai segundo a carne. Ele escolheu por amor se despojar para viver com esposo exclusivo da Igreja. A vontade de relativizar o celibato acaba por menosprezar esse dom radical que tantos padres fiéis viveram desde sua ordenação.

O celibato é o sinal e o instrumento de nosso ingresso no ser sacerdotal de Jesus. Ele se reveste de um valor que podemos qualificar analogicamente de sacramental. Nessa perspectiva, não vemos como a identidade sacerdotal poderia ser encorajada e protegida se fosse suprimida em uma ou outra região a exigência do celibato tal como o Cristo a quis e que a Igreja latina zelosamente conservou.

Como recorda o Concílio Vaticano II, o celibato dos clérigos não é uma simples prescrição da lei eclesiástica[65], mas um "dom precioso de Deus"[66]. Por essa razão o Papa Francisco, fazendo suas as palavras firmes e corajosas de são Paulo VI, afirma: "Prefiro dar minha vida antes de mudar a lei do celibato. Pessoalmente, penso que o celibato é um dom para a Igreja, e não concordo que o celibato seja opcional"[67].

Há um vínculo ontológico-sacramental entre sacerdócio e celibato. Qualquer diminuição desse vínculo constituiria um questionamento do magistério do concílio e dos Papas Paulo VI, João Paulo II e Bento XVI. Suplico humildemente ao Papa Francisco para nos proteger definitivamente de uma tal eventualidade vetando qualquer enfraquecimento da lei do celibato sacerdotal, ainda que limitado a uma ou outra região.

Para concluir este texto, desejo dirigir-me ainda uma vez a meus irmãos sacerdotes. O Cristo nos deixou uma responsabilidade terrível

---

[65] João Paulo II. *Pastores dabo vobis*, n. 50.
[66] Vaticano II. *Presbyterorum Ordinis*, n. 16.
[67] Papa Francisco. Entrevista dada no avião de retorno das Jornadas mundiais da juventude no Panamá, Agência de imprensa I-media, 27 jan. 2019.

e magnífica. Continuamos sua presença na terra. Como Ele, devemos velar, rezar e nos mantermos firmes na fé.

Ele quis precisar de nós, os sacerdotes. Nossas mãos consagradas pelo santo óleo não são mais nossas. Elas são as Dele, para abençoar, perdoar e consolar. Elas lhe são reservadas. Se algumas vezes o celibato nos parece muito pesado, olhemos para as mãos do Crucificado. Nossas mãos, como as suas, devem ser transpassadas para nada guardar e reter avidamente. Nosso coração, como o seu, deve ser aberto para que todos nele encontrem acolhimento e refúgio. Se, portanto, não mais compreendemos nosso próprio celibato, olhemos a Cruz. Ela é o único livro que nos dará o sentido verdadeiro.

Só a Cruz nos ensinará a sermos sacerdotes. Só a Cruz nos ensinará a "amar até o fim" (Jo 13, 1). Nesse caminho, Bento XVI é um modelo admirável.

Cardeal Robert Sarah
Cidade do Vaticano, 25 de novembro de 2019.

À sombra da Cruz

O sacerdócio passa por um tempo de trevas. Feridos pela revelação de tantos escândalos, derrotados pelos questionamentos incessantes de seu celibato consagrado, numerosos são os padres tentados pela ideia de renunciar, de abandonar tudo.

O Cristo nos pergunta: "E vós, também quereis partir?" (Jo 6,67). Unidos a Pedro e a seu sucessor, queremos lhe responder: "Senhor, a quem iremos? Só tu tens palavras de vida eterna. Reconhecemos que sois o Santo de Deus" (Jo 16,68-69).

Sim, Senhor, és o Santo de Deus. És o Consagrado de Deus. És todo oferta e todo dom. Teu "sim" ao Pai é incondicional. Nada em ti lhe resiste, nada em ti lhe escapa. Nós, padres, queremos vos seguir até o "sim" perfeito. Queremos dizer contigo: isto é meu corpo que será entregue por vós, isto é meu sangue que será derramado por vós e por todos. Ensinai-nos a rezar e a repetir sem cessar após ti: "Em tuas mãos entrego meu espírito" (Lc 23,46). És nosso único bem, nossa única herança.

Com são João Henrt Newman, te pedimos: "Possui meu ser todo inteiro, tão perfeitamente, tão plenamente que cada dia, cada gesto de minha vida irradiem da tua. Resplandecei através de mim. Que cada

Do profundo de nosso coração

alma que toque seja tocada por tua presença em mim. Fazei com que, ao levantar os olhos, não seja mais a mim que veja, Senhor, mas a ti! Ficai a meu lado a fim de que irradie como tu irradias, que eu seja para os outros uma lâmpada acesa em tua luz: nenhum brilho será meu. Não serei mais que a faísca de tua luz chegando aos outros através de mim. Deixai-me pedir-te da maneira que preferes, esclarecendo aqueles que toco. Deixai-me te ensinar sem pregar, sem palavras; somente pelo exemplo, somente pela atração da força amorosa, a única evidência da plenitude de meu amor por ti".

Jesus crucificado, olhai para tua Igreja como olhastes para Maria do alto da Cruz. Tu a destes por mãe a João, o apóstolo sacerdote e casto. Tu a confiastes para que ela se tornasse "todo seu bem" (Jo 19,27). Tende piedade de tua Igreja. Dai-lhe paz e unidade. Tende piedade de teus sacerdotes. Dai-lhes que também acolham Maria. Fazei que possam não ter nenhum outro bem além de tua Igreja.

Jesus crucificado, olhai para a Igreja, tua Esposa. Tornai-a bela e digna de ti. Que ela seja conforme a teu coração. Que todos possam nela reconhecer teu rosto. Que todos os povos reconheçam, enfim, sua única casa comum.

Chegando ao termo de nossa reflexão, experimentamos a necessidade de confessar nosso amor pela Igreja. Quisemos lhe dar nossa vida, como o Cristo lhe ofereceu a sua. Jamais a abandonaremos. Trazemos na mão direita o anel que nos lembra que estamos ligados a ela em uma aliança definitiva.

Todos os dias, nossa alma dá graças e se admira com esse dom imerecido que nos fez servir e amar a Igreja. Diante desse mistério, exclamamos com santo Agostinho: "Ó mistério de bondade! Ó sinal da unidade! Ó vínculo de caridade! Aquele que quer viver tem um vínculo para assim viver. Que se aproxime, que creia, que seja incorporado a fim de ser vivificado. Que não recuse estar unido com os outros membros em um mesmo organismo"[1]. Queremos permanecer distantes de tudo aquilo que possa ferir a unidade da Igreja. As querelas pessoais, as manobras políticas, os jogos de poder, as manipulações ideológicas e as críticas cheias de amargor são o jogo do diabo, o divisor, o pai da mentira.

Foi somente por amor à Igreja que decidimos tomar a pena para vos escrever.

As palavras de são Paulo ressoam como uma advertência solene para todos os bispos: "Diante de Deus e do Cristo Jesus que vai julgar os vivos e os mortos. [...] proclama a Palavra, insiste oportuna e inoportunamente, convence, repreende, exorta, com toda a longanimidade e ensinamento. De fato, vai chegar um tempo em que muitos não suportarão a sã doutrina e se cercarão de mestres conforme seus desejos, quando sentem coceira no ouvido e, desviando o ouvido da verdade, voltam para as fábulas. Tu, porém, vigia em tudo, suporta as provações, faze a obra de um evangelizador, desempenha bem o teu ministério" (2Tm 4,1-5).

Vivemos na tristeza e no sofrimento destes tempos difíceis e turbulentos. Era nosso dever sagrado recordar a verdade do sacerdócio católico. Pois, por ele, toda a beleza da Igreja é posta em causa. A Igreja não é apenas uma organização humana. Ela é um mistério. Ela é a Esposa mística do Cristo. Eis o que nosso celibato sacerdotal recorda sem cessar para o mundo.

É urgente, necessário, que todos, bispos, padres e leigos, não mais se deixem impressionar pelos maus anunciadores, as encenações teatrais, as mentiras diabólicas, os erros da moda que pretendem desvalorizar o celibato sacerdotal.

É urgente, necessário, que nós, bispos, padres e leigos, reencontremos um olhar de fé para a Igreja e para o celibato sacerdotal, que protege seu mistério.

---
[1] Santo Agostinho. *In Iohannis Evangelium*, 26, 13.

Do profundo de nosso coração

Esse olhar será o melhor apoio contra o espírito de divisão, contra o espírito político, mas também contra o espírito de indiferença e de relativismo.

Ouçamos são Paulo. Tomemos firmemente a palavra para confessar a fé sem medo de faltar com a caridade. Nesses tempos difíceis, cada um deve temer ouvir um dia Deus lhe "dirigir estas palavras assertivas como reprimenda: Maldito sejas, tu, que nada dissestes. Ah! Quanto silêncio! Gritai em cem mil línguas. Vejo que à força do silêncio o mundo está corrompido, a Esposa do Cristo está pálida, perdeu suas cores, porque lhe sugaram o sangue, o sangue do Cristo que é dado pela graça. [...] Não durmais o sono da negligência. Fazei prontamente o que puderes"[2].

Que fazer? Devemos, em primeiro lugar, ouvir novamente o apelo de Deus: "Sede santos, porque eu, o Senhor vosso Deus, sou santo" (Lv 19, 2). A ordenação sacerdotal conduz à identificação com o Cristo. Certamente, a eficácia substancial do ministério permanece independente da santidade do ministro, mas não se pode mais ignorar a extraordinária fecundidade produzida pela santidade dos padres.

Ninguém está impedido de proclamar a verdade da fé em um espírito de paz, de unidade e de caridade. Infeliz será quem se cala. "*Vae mihi si non evangelizavero!*": "Ai de mim se não evangelizar!" (1Cor 9,16).

Texto escrito pelo Cardeal Robert Sarah,
lido e aprovado por Bento XVI.
Cidade do Vaticano, 3 de dezembro de 2019.

---

[2] Santa Catarina de Sena. Carta n. 16 [84]. *A um prelado.*

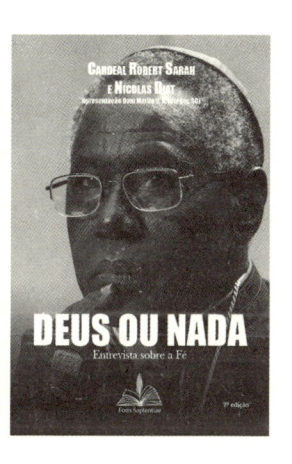

Cardeal Robert Sarah
e Nicolas Diat

outros títulos do autor:

Deus ou Nada

A força do silêncio

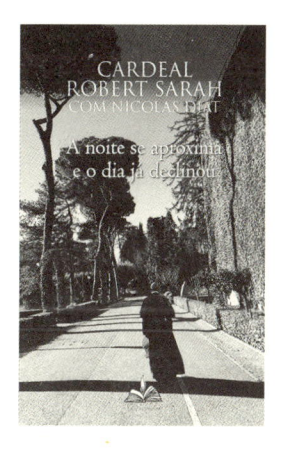

A noite se aproxima e o dia já declinou

vida inteira do cardeal é ma espécie de milagre, uma cessão de momentos que arecem impossíveis sem a tervenção do céu. Ela está nstruída sobre a rocha da , o combate pela verdade de eus, a humildade, a simplidade e a coragem.
o longo de uma entrevista clusiva, o cardeal, reconhedo por sua liberdade de pavra, apresenta estas reflexões bre a Igreja, os papas, oma, o mundo moderno, a frica, o Ocidente, a moral, a rdade, o mal e Deus, mpre.

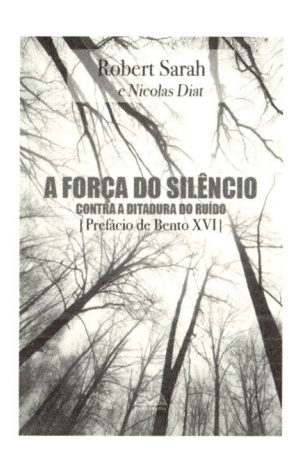

O que significa ouvir o silêncio de Jesus e reconhecê-lo por seu silêncio? Sabemos, pelos Evangelhos, que Jesus costumava passar as noites a orar a sós, "sobre o monte", em diálogo com o Pai. Sabemos que o seu falar, que a sua palavra provém da permanência no silêncio e que só no silêncio poderia amadurecer. É revelador, portanto, o fato de que a sua palavra só possa ser compreendida de modo justo quando se adentra também em seu silêncio;

"Na raiz do colapso do Ocidente, há uma crise cultural e identitária. O Ocidente não sabe mais o que é, pois já não sabe, e não quer saber, quem o moldou e o constituiu tal como foi e tal como é. Atualmente, muitos países ignoram a sua história. Esta autoasfixia conduz naturalmente a uma decadência que abre caminho para novas civilizações bárbaras".
Esta afirmação do cardeal Robert Sarah resume o tema de seu terceiro livro-entrevista com Nicolas Diat.

à venda nas boas livrarias   edicoesFS.com.br   livrarialoyola.com.br

Fons Sapientiae

Este livro foi impresso em papel polen bold 90g, capa SUPREMO laminação fosca
Rua Lopes Coutinho, 74 – Belenzinho 03054-010 São Paulo – SP
T 55 11 3322-0100 / F 55 11 4097-6487
www.FonsSapientiae.com.br
vendas@FonsSapientiae.com.br